打破教育的"迷思"

DAPO JIAOYU DE MISI

李 帆 著

北京师范大学出版集团
BEIJING NORMAL UNIVERSITY PUBLISHING GROUP
北京师范大学出版社

图书在版编目(CIP)数据

打破教育的"迷思"/李帆主编.—北京:北京师范大学出版社,2017.3

(京师教育随笔)

ISBN 978-7-303-21744-1

Ⅰ.①打… Ⅱ.①李… Ⅲ.①基础教育－研究－中国 Ⅳ.①G639.2

中国版本图书馆 CIP 数据核字(2016)第 299835 号

营销中心电话 010-58802181 58805532
北师大出版社高等教育分社网 http://gaojiao.bnup.com
电子信箱 gaojiao@bnupg.com

出版发行:北京师范大学出版社 www.bnup.com
　　　　　北京市海淀区新街口外大街 19 号
　　　　　邮政编码:100875

印　　刷:北京玺诚印务有限公司
经　　销:全国新华书店
开　　本:787 mm×1092 mm　1/16
印　　张:9.5
字　　数:150 千字
版　　次:2017 年 3 月第 1 版
印　　次:2017 年 3 月第 1 次印刷
定　　价:22.80 元

策划编辑:林　子　　　责任编辑:戴　轶　肖　寒
美术编辑:焦　丽　　　装帧设计:焦　丽
责任校对:陈　民　　　责任印制:陈　涛

版权所有　侵权必究

反盗版、侵权举报电话:010-58800697
北京读者服务部电话:010-58808104
外埠邮购电话:010-58808083
本书如有印装质量问题,请与印制管理部联系调换。
印制管理部电话:010-58808284

前　言

教育到了重新"定义角色"的时刻

这个世纪激发了人类最伟大的想象。

就在几个月前，美国科学家宣布发现了引力波。人们开始狂热地设想，未来我们是否可以利用引力波，穿越虫洞，实现时空旅行？还是在几个月前，"AlphaGo"拿下了人类引以为傲的"唯一没有被计算机攻克的博弈游戏项目"——围棋，唯一输掉的一局，据说还是"故意放水"。人们又开始陷入对未知的忧惧之中，"如果机器有了自我意识，人类怎么办"？

传统时代，获取知识像登山，山在那里，持之以恒，就有可能登到山顶。新的时代，获取知识像冲浪，浪头一个接一个地涌来，山也快被浪潮淹没了。

世界走到了一个新时代的门前，教育也到了需要重新"定义角色的时刻"：我是谁，我要做什么，我要朝向什么样的目的地前进。

信息化对教育的影响越来越深刻。网络时代，大娱乐时代，"娱乐至死"。我们创造了一个永远在线的世界，它毫不留情地和我们争夺着学生的注意力。过去十年，我们每天接到的电邮总数从大约120亿封增加到2150亿封。而根据最近的一项研究，每打开一封新邮件，我们需要67秒才能回过神来。

学校能赢得这场战争吗？通过嵌入信息技术吗？

令人遗憾的是，不像零售、交通、医疗等领域，截至今日，信息技术并没有改变教育的内在结构。而对信息化的误解，还让部分教育工作者落入了"指标化思维"的陷阱，以为所谓的"大数据评价"是全能的，而忘记了诸如情感、动力、交互等潜意识的东西，可不一定是表面的数据可以囊括的。

信息化还加速了全球化的进程。马云这样定义全球化：全球买全球卖。当然，他是站在商业的角度。但全球性的资源流动，带来的不仅是经济行为的改变，而且深刻影响着人类在政治、文化、社会生活等各方面的行为模式，甚至包括知识生产的方式。

美国斯坦福大学在世界各地建立了一系列"影响实验室"，在这些实验室里，师生们一起通过浸润式学习和讨论，应对全球性的问题和挑战。位于中国的上海纽约大学则规定，每个中国学生都必须和其他国籍的学生混住，而且，每个学生都将获得1~3个学期到全球12个学习中心交流的机会。

全球化对教育的影响显而易见：学习者可以和世界各地的人互动，在全新的学习共同体中，激荡观点，兼听文明，成为全球性的"意见领袖"。

教育的全球化，还体现在各国教育的相互学习与借鉴上。进入21世纪，许多国家都开展学生发展核心素养的理论研制，探寻落地措施，体现出国际教育改革目标潮流的交互影响。

然而，全球化不是同一化。每个国家教育面临的，既有普遍问题，又有自己的特殊情况；教育的改革路径、制度建设、文化结构等，更是因为国情千差万别。所以，教育的全球化，带来的更多的是一种知己知彼。知己，决定什么是自己安身立命、生死不渝的价值观。知彼，是用别人能理解的方式告诉别人我的不一样。全球化是要找到那个"别人能理解的方式"，它是手段，不是目的(龙应台)。

我们如何通过信息化、全球化，最终实现适应新时代的中国特色教育？顾明远先生在接受我的采访时曾说，中国原创的教育思想、流派之所以少，就在于我们缺少原生的教育理论。没有原生的教育理论，我们就只能吃别人的"饭"，只能从别人的理论出发去探索、去创造。这是目前中国教育亟须加强的地方。

信息化、全球化给教育带来诸多新冲击、新挑战。当它们和旧理论汇合时，必然会经历再造、选择、综合和批判的过程。一旦现成理论不管用，就该是自己创建一个理论的时候了。

例如，信息化和全球化带来的多元化问题日益突出。统一的有节奏的教育，面对多元价值取向、多元兴趣爱好、多元个性特长的学生，如何变革？

尊重多元性，仅仅是尊重不同观点的自由表达吗？不，它还意味着异见者之间的共识，关于社会核心价值的共识；仅仅是不同利益之间的自由竞争吗？不，它还意味着对利益博弈规则的一致认同。如何在多元时代，引导学生对核心价值和规则的认同，教育如何做正确的事，而不仅仅是正确地做事？

我们身处改革的洪流之中。

跌跌撞撞，探索前行，取得了很多成绩，也遇到了不少"迷思"：对观点和概念似是而非的理解；对改革经验的泛化使用和借鉴；对改革方式及其背后理论碎片化的、不全面的了解，等等。

出版这本小书，正是想做一些打破这些"迷思"的尝试。这并非一件易事。教育学不是自然科学，一个问题可能并不只有一个正确的答案。而且，教育改革到今天，好改的已经改完了，容易理解的也广泛普及了。越是接近教育的核心，越是复杂。表皮之病，可以用些止痛药；肌理和骨髓之病，用万金油是没用的。

有一次，爱因斯坦听儿童心理学家让·皮亚杰介绍有关儿童游戏研究的发现，他深深地被其中包含的隐秘而深刻的生命内容和文化信息所震撼，感慨万千："看来，认识原子同认识儿童游戏相比，不过是儿戏。"这番话不无谦逊的成分，但至少让我们明白：教育中有远超我们想象的复杂内容。

在毛糙浮躁、急功近利的流风之下，敢活得"笨"一点儿、"执拗"一点儿，不惮于再三领悟、不断反思、俯仰审察的，不得不说需要一点勇气和决心。但是，我们在谈教育啊！什么时候，教育是走走捷径、搞搞模仿、玩玩新式装备就能出彩的？教育是如此复杂，以至于它容不得半点简单和僵化。

过去，我们认为只有首先获取知识，才能有效地介入。但新的科学哲学告诉我们，只有当我们能够实质性地参与这个世界时，才能认识世界。当我今天写下这篇前言时，我想，自己是不是也以这种微小的方式，参与到了教育改革之中呢？

李　帆

2016 年 6 月 22 日于北京

目录 CONTENTS

第一章 莫把学生当天才教

核心素养的那些事儿：如何才能在未来教育中大放异彩 ……… 3
莫把学生当天才教 ………………………………………… 11
国外名校没有"艺术特长生" …………………………… 15
学生个体应该得到制度的尊重 …………………………… 18
让儿童以能够接受的方式成长 …………………………… 22
儿童教育就是培养好习惯
　　——对当代少年儿童行为习惯的研究 ……………… 25

第二章 教育的"盲点"

思维的高度决定人生的高度 ……………………………… 33
一节课只讲了三道题，是低效吗？ ……………………… 37
教育最大的挑战，是"发现新的思维方法" …………… 41
缺乏了科学性，教育就不太像教育了 …………………… 45
完备的制度≠教育的改变 ………………………………… 48
教育的"盲点" …………………………………………… 51
面对教育的潮流，跟从？扬弃？ ………………………… 55
教育：让思考力生长 ……………………………………… 58

第三章 如何把教育作成"艺术"

不动脑筋的学校"留不住"学生 ………………………… 63
理想的学校，不应该有任何一个毫无个性的学生 ……… 67

有用的"模式"，只能从学校内部生长 …………………… 70
如何把教育作成"艺术" …………………………………… 74
避开制造"精神平庸者"的陷阱 …………………………… 78
"文化建设热"结束了吗 …………………………………… 81
学校要有自己的"立场" …………………………………… 84
改造学校的"秘密" ………………………………………… 86

第四章 成为优秀教师的秘密

如何才能成为优秀教师 …………………………………… 105
一位教育家型校长的成长轨迹
　　——对话上海市七宝中学校长、上海市教育功臣　仇忠海 …… 108
教育随笔：改变教师的行走方式 ………………………… 119
离真正的教育近些、再近些 ……………………………… 129
做逆风而行的理想主义者 ………………………………… 142

第一章　莫把学生当天才教

核心素养的那些事儿：
如何才能在未来教育中大放异彩

就在最近，一个消息石破天惊：谷歌研制出的机器人 AlphaGo，在围棋赛中连胜三局，打败了韩国世界冠军九段选手李世石。而此前，许多人相信，因计算的复杂性，围棋比赛的胜利将最终被人类获得。

但结果让人们大跌眼镜。

AlphaGo 的胜利，是基于大数据和云计算的强大的检索能力和程序计算能力的胜利。而这也给教育当头棒喝：未来，当有关记忆、搜索、分析等工作都由电脑和网络承担时，什么样的人才能立于不败之地？

教育该如何应对这个问题？

记得不久前，一位校长讲述了自己女儿参加上海纽约大学招生面试的过程。与我们印象中国内大学的考试方式截然不同的是：在为期两天的面试中，这位校长的女儿先是随机选择了一堂历史课听讲。课后，授课教授退出教室。招生官进来，请学生回答几个问题：(1)资料里的主要观点是什么？老师的主要观点是什么？同学讨论的主要观点是什么？三者之间的关系是什么？(2)写一个与这些都不同的观点，并进行论述。

接下来，面试学生参加小组活动，用面条搭高塔。小组里的角色，由学生自己选择。招生官在学生开展活动时，在旁边观察。

最后是一对一面试。招生官问他女儿的问题非常简单："最近看了什么书，喜欢谁，为什么？"孩子很诚实，说自己正在看一本外国名著，但是"看不懂"。

面试回来，孩子很沮丧，觉得自己没戏了。没想到，最终她的面试等级是"A"。身为教育者的父亲感叹说："他们是在评价孩子的价值观，看是否诚信啊！"

其实，这一系列考核何止是考查了孩子的价值观。这里面，有对孩子高阶思维能力的评价，如历史课后的几个问题，涉及批判性思维、解释信息的能力等；小组合作营造了一个真实的复杂情境，解决这个问题，不仅需要学生动用多学科的知识，还需要动用情感、沟通技能等，它考验的是学生是否具有无定式的复杂思维方式和工作方式。这与我们日常教育教学中，在"真空般"情境里的考查和评价不同，并没有一个标准答案。比如，在小组中，学生当不当组长，招生官并不在意。但如果学生选择当组长，小组最后成绩不好，就会影响招生官对他的评价，因为领导者承担的责任更大。

为什么上海纽约大学如此设计招生面试，里面有什么不为人知的奥秘？如果结合当今世界教育改革与发展的潮流，你会发现，上海纽约大学关注的是学生核心素养的高低，而不只是考查学生知识的多寡。而这正是世界各国提出的，面对信息化、全球化的新挑战时，"人才"衡量新标准。

关注那些传统考试无法知道的东西

核心素养的概念，从2015年开始，在我国基础教育界掀起了一个热潮。就世界范围而言，它不是一个新概念。早在1997年，经济合作与发展组织（OECD）率先提出了"核心素养"结构模型。它要解决的问题是：21世纪培养的学生应该具备哪些最核心的知识、能力与情感态度，才能成功地融入未来社会，才能在满足个人自我实现需要的同时推动社会发展？

OECD的核心素养模型认为，要在未来社会取得成功，个体必须具备三大核心素养：能互动地使用工具、能在社会异质团体中互动、能自主行动。这三大核心素养，指向人与工具、人与社会、人与自我三大维度。在这三大核心素养和维度间，"反思"居于中心位置。我们熟知的PISA测试，就是基于OECD的核心素养模型进行设计的。

OECD的研究，影响很广泛。OECD大部分成员国，包括一些非OECD国家也采用了这一理论模型来建构本土化的核心素养。许多国家也受此启发，纷纷思考如何结合时代要求，研究制定符合自身国情的核心素养模式，据此对教育进行调整，提高教育质量，增强国民素质，以适应未来急剧变化的人力需求。

如美国提出"21世纪技能"，主要包括"学习和创新素养""信息、媒体与技术素养""生活与职业素养"三大素养，描述的是学生在未来工作和生活中所必须掌握的技能、知识和专业智能；日本则研究出"21世纪型能力"，内核是基础能力，中层为思维能力，最外层是实践能力。其中，基础能力支撑着思维能力，实践能力引导着思维能力，三者不是孤立存在，而是相互依存，无论何种课程，都要共同体现这三方面能力。

在这股世界潮流中，教育质量标准发生了变化，人才的标准发生了变化，甚至教育教学的内容和方式方法都有了相应的变化。最明显的是，以个人发展和终身学习为主体的核心素养模型代替了学科知识结构为核心的传统课程标准体系，要求学生在各个科目的学习中，培养、发展适应未来的核心素养。知识学习不再是唯一的目的，拥有知识也不再是决定一个人成功的唯一决定因素。

从历史的发展来看，现代教育走过了三个阶段，即以"知识为本"的阶段、以"能力为本"的阶段和以"素养"为本的阶段。

以"知识为本"的阶段，其代表观点是培根说的"知识就是力量"。在那个历史时代，能够掌握知识的是少数人，他们利用知识实现自己的统治。

随着经济社会的发展，教育普及，知识不再神秘。人们发现，知识多的人，能力不一定强；能力强的人，也可能是没有经过完整学习经历的人。自20世纪20年代起，能力本位教育理念就已在西方发达国家的职业教育中出现，随后迁移到基础教育领域中，掀起了以能力为本教育改革的大潮。

到了20世纪末，经济科技社会的急剧转型，人们认识到，传统的知识与技能目标，无法囊括新时代的要求。各国的教育目标逐渐增加了"培养态度倾向、运用整合推理"或"知识、能力、态度情感"等内容，并逐步催生了"素养"概念的产生。为了把握住基础教育的"基础"这一根本，素养中的"关键素养""核心素养"得以强调和凸显。①

什么是"核心素养"？在经济合作与发展组织看来，它是一个动态发展的、整合了知识、技能、态度、情感与价值观的集合体概念，是每个个体实现"成功生活（successful life）"与建设"健全社会（well-functioning society）"所必需的。

有的学者认为，"核心素养"指的就是那些一经习得便与个体生活、生命不可剥离的、并且具有较高稳定性、有可能伴随一生的素养。其根本特质不在于量的积累，而在于生命个体品质与气质的变化和提升。

我国教育部对此的定义是："学生应具备的适应终身发展和社会发展需要的必备品格和关键能力，突出强调个人修养、社会关爱、家国情怀，更加注重自主发展、合作参与、创新实践。"

我们可以看出，核心素养有很大一部分是在"关注那些传统考试无法知道的东西"，重视的是那些"网络上找不到答案的东西"，核心素养本身是靠死记硬背，并不会取得优势的东西。

当我们学会用核心素养去衡量一个人时，将随之改变我们的知识观、教学观和育人观，最终将改变整个教育的格局。

如何才能在未来的教育中大放异彩

外媒曾经这样评价中国的基础教育：在各种"知识"的洪流中，中国学生麻木了他们的头脑。

几年前，中央电视台一档节目，邀请中美两国即将进入大学的高中生参加。其中，美国的12名高中生都是当年美国总统奖的获得者，国内高中生也是被北京大学、清华大学、香港大学等著名大学录取的优秀学生。

在一个环节上，两国学生的对比令人震撼。当时，节目组要求两国学生制订对非洲贫困儿童的援助计划。首先由中国学生阐述，他们从中国悠久的历史入手，从歌颂丝绸之路、郑和下西洋，到吟

---

① 王红，吴颖民. 放慢知识的脚步，回到核心基础[J]. 人民教育，2015(7).

咏茶马古道，然后有人弹古筝，有人弹钢琴，有人吹箫，三个女生合唱，一人一句，一会儿又是一个人深情地背诵，然后是大合唱。最后对非洲的援助计划轻描淡写地一笔带过。

美国高中生的方案，则是从非洲目前的实际情况，从也许我们都想不到的非洲社会生活的方方面面，包括食物、教育、饮用水、艾滋病、避孕等一些看起来很细小的实际问题入手，每一项做什么，准备怎么做，甚至具体到每项的预算，而那些预算竟然准确到几元几分。每个人分工明确，又融成一个整体，整个计划拿来就可以进入实施阶段。

这样的差异从何而来？恐怕与我们对全面发展、素质等概念的内涵理解有关。一段时间，我们以为，全面发展就是能歌善舞，允文允武。我们以为，素质就是一种可以展示的技能，学校曾经流行举办素质教育汇报演出。我们以为，素质教育就是德智体美各个方面的简单相加。

我们把各个学科的知识像积木一样堆积在学生身上，撞上硬问题，便颓然倒地。

因为，面对真实的复杂的问题情境，单一的知识或技能，根本支撑不起解决的坦途。

这在很大程度上导致我们的教育改革成为观念改变的巨人、行动成果的弱者。

核心素养的提出，赋予未来教育改革具体而清晰的维度和内涵。因政治体制、文化背景等的不同，不同国家提出的核心素养有所不同，但也有一些共通的地方，比如，强调合作与交流能力、信息与通信技术的掌握能力、公民素养、创造性、批判性思维等。

这些核心素养，是跨学科、跨领域地统领各发展领域的素养，所有的核心素养都可以在德智体美等各个领域，以不同的学科知识和学科教学方式进行培养。从这个角度讲，核心素养的提出，是对素质教育的再聚焦、再清晰，让我们明白究竟从何着手培养高素质的人才。

另外，每一个核心素养都是一个复合的概念，里面包含了知识、技能、方法、情感等各个方面。像批判性思维，就是德育和智育相结合的素养。在德育方面，它包含了批判的理性精神和品德，包括谦虚、谨慎、客观、具体、公正、反省、开放等指标；在智育部分，包含了一组辨别、分析、判断和发展的高阶思维技能。

2013年，《中国青年报》曾刊登文章《美国小学生"研究报告"堪比大学生论文》，说的正是如何在语文学科中培养批判性思维这一核心素养的例子：美国小学五年级学生的英语阅读与写作课的作业，是写研究性论文。通过写论文，学生进行了科学研究和论证文的锻炼。他们拿出来的论文，"有的已经相当于中国大学生的论文，内容之深入，篇幅之长令人惊叹"，"有不少小学从三年级就开始进行'劝说类'文章的写作训练，学生不仅要有自己独特的带有批判意识的思想，而且还要能够使自己的思想和观点有理有据地影响他人"。

就是说从小学开始，美国就结合各个学科的本质，培养他们的孩子们要具备的各种核心素养。想想看20年后，经过这样反复训练的学生，知道怎么做研究、怎么创新、怎么适应快速变化的时代——这些拥有核心素养的小学生，将是美国保持世界领先的希望。①

与此形成鲜明对比的是，很多中国人仍然自得于中国中小学生的"基础好"，证据之一就是我们中小学生在各种国际性的学科竞赛中，获得佳绩无数，而且中小学校普遍重视"双基"。由此，很多人得出的结论是：中国的基础教育质量在总体上比美国好。而在现实中，题海战术、满堂灌输、机械训练仍然在中国教育界占有不低的地位。

核心素养的提出，给我们敲响一记警钟：学习样态必须要从单一走向多样，学习时空也需从狭小的教室延展向多元的时空，学习内容也将从教材走向与社会和世界的交互与联通。教育，要从单向的"输入—输出"，走向复杂情境下的带有整体性或融合性的"输入—输出"。此时，项目学习、主题学习、深度学习、基于实践的学习、线上与线下的混合学习等，都将在未来的教育中大放异彩。

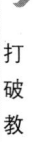

---

① 董毓.角逐批判性思维[J].人民教育，2015(9).

在北京亦庄实验小学，开发了"发现春天"的主题课程。校长李振村如此介绍该课程：

这个课程的核心目标是培养孩子对大自然的敏感和热爱。一年级，持续一个月的春天课程中，教室里始终"盛开"着各种各样的花：花盆里的、画布上的，还有用园艺工人剪下来的树枝手工粘贴的花枝。15首春天的诗歌、15本春天的绘本、8篇春天的文章、6首春天的歌曲、3个春天的戏剧表演……每周，还有至少3次的到校园里或者校园外对春天的观察、记录，让春天融化在了孩子的生活里、生命里。最终，每个孩子都拥有了一本自己手绘的春天的书，里面是孩子们一个月的关于春天的写绘作品。老师到印刷厂帮孩子们装订成册，教室里铺上红地毯，举行隆重的春天作品发布仪式。

到二年级，春天课程又有了螺旋式的上升。孩子们模仿法布尔观察记录大自然的形式，开始了为期一年的"自然笔记"。和一年级完全不同，孩子们观察的视角和记录的方式更深入，也更科学和规范了。比如，孩子们去校园的玉兰园中观察玉兰时，先画出玉兰的样子，再画一个表格，写下玉兰的科属、花开的时间等，然后写下一个关于玉兰的故事。老师和孩子们走出校园，到附近的南海子公园，去北京植物园，去北宫森林公园。随着记录和观察，"自然笔记"成为孩子们走向自然的桥梁。从三月中旬到六月中旬，二年级每个孩子都兴致勃勃地完成了至少25篇自然笔记，绘画越来越有设计感，文字描述从最初的100字，到现在轻松写到300字（优秀的孩子能写到1000字）——当然字数绝对不是我们刻意追求的，而且孩子们根本就意识不到他们是在写作文，他们是在像植物学家、动物学家搞研究一样学习。比这些更重要的，是孩子初步具备了和大自然沟通对话的能力，这是在教室里无论如何也学习不到的。①

亦庄实验小学的改革，给了我们一个启示。教育改革，如同徒手攀岩，核心素养就是岩石上的着力点。核心素养体系与课程教学的关系如月映万川，月亮高挂天空，地上的千河万川皆有月影。课

---

① 李振村. 空间即课程[J]. 人民教育，2015(12).

程的融合也好，创设也罢，不能是"拍脑袋"的行为，应以核心素养为准则；教学方式的改变，也应以核心素养的达成为目标，知识的学习巧妙地融于其中。

　　核心素养的提出与落实，将成为教育教学改革再深化、再出发的一个里程碑和转折点。

莫把学生当天才教

生命总在变化，总是充满着不可预见性。但让我们惊讶的是，不管生命如何变化，美好的、真正的教育都能包容它、提升它。

2010年，我国著名力学专家钱伟长离世。他的受教育经历很有些"传奇色彩"：18岁那年，他以中文、历史两个100分，物理5分，数学和化学共20分，英语0分的成绩进入清华大学历史系学习。

然而，就在他进入历史系后的第二天，九一八事变爆发。当钱伟长从收音机里听到这个消息时，他拍案而起："我不读历史系了，我要学造飞机大炮。"随后，他转入物理系学习。

从此，中国少了一个历史学家，多了一代力学大师。

在这个故事当中，接受钱伟长转入物理系的教师的做法让人惊讶：他们既没有把钱伟长当成是天才苗子，充满期待地去接受（我相信，他们当时也没看出这个青年的未来），也没有因为他的理科成绩如此之差，而心怀冷漠地去拒绝，他们只是以一颗平常心，去悦纳一个有着无穷可能性的生命。

这是多么智慧的老师啊！他们的智慧，在于他们深知：教育是一种有机的过程，不是机械地从a推到b，再从b推到c，而是a可以生成无数种可能：b、c、d……更重要的是，这无数种可能之间，并没有价值的高低之分。

只可惜，现在聪明的老师太多，智慧的老师太少了。

智慧者选择栽下银杏树。百年方成，哪怕他们看不到那一天；聪明者却选择种牵牛花，经年即开，只是希望看见那一瞬间的耀眼。

一所农村学校校长，在接受采访时说："我们要让学生成才，考上重点大学。"

记者追问他:"有没有另外的可能呢?当你的学生走上社会后,即使是一个打工者,如果内心仍然有美好的愿望,仍然能在打工之余过一种丰富的精神生活,也是你们教育的成功。"

校长沉默了,脸上闪过一丝不以为然的神情。过了一会儿,他说:"对学校育人来说,我们的目的,就是让他们成才。"

采访无法继续下去。

什么时候,我们的教育连鼓励学生去做个平民的勇气都没有了?

诚然,漠视个性、流水线般地对待学生是不对的。但是,对学生抱着过高的期待,恨不得人人成才,似乎不如此就不足以表明改革的彻底和成功,这种做法就符合教育的规律吗?

"杀君马者道旁儿",是蔡元培在要求辞去北大校长时写下的话。他的意思是,杀你马的人,就是给你马鼓掌的人:正是旁人过分的期待与厚爱,才让骏马奔到超出极限而死亡。其实,教育者天天把成才、成功放在嘴边,甚至提出"把每一个孩子当成天才来教"的口号时,不也成了催促学生使劲前奔的"道旁儿"吗?

教育难得的是平常心。平常心源于两个方面,一是教育的规律;二是学生成长的规律。

教育是一种浸润,它真正引发的变化很多时候是内隐的,不会立即外显出来,甚至可能潜伏多年。苹果公司创始人乔布斯读大学时,放弃自己的必修课,专挑自己感兴趣的课程旁听。多年后,他说:"你现在所经历的将在你未来的生命中串联起来。"但什么时候会串联起来?谁都不知道,谁也无法预测。就像我们唱歌,心里的旋律一直在流动,可是哼唱不出来,某一天,或许突然大声歌唱了出来。

那种带有高度功利色彩的期待,往往违背规律,脱离常识的轨道。钟启泉教授曾经批评,某些名牌中小学罔顾基础教育的性质与定位,纷纷提出口号,要把中小学建设成培养拔尖型、创新性人才的基地;还有一些学校,短短几年时间就开设出上百门校本课程。钟启泉称之为"严重的狂躁"。

教育是一种信仰,但信仰在当下成了一种奢侈品。人人似乎都信奉着张爱玲的名言："出名要趁早呀，来得太晚的话，快乐也不那么痛快。"可是，大自然不需要早熟的果子，因为那是生涩的，不甜美的。人类需要渐渐长大的儿童，揣着童心，长着儿童的样子；我们也需要有定力的教育，俯下身，向着生命朝圣，那才是长久、健康、醇美无比的事业。

抛弃信仰，取悦社会，取悦大众，把教育的专业主义束之高阁，无视教育的基本价值，是一种媚俗的表现。这样的教育，让儿童的成长失去优雅，失去从容。教育的精神面貌，也变得过分的世俗化。

教育的精神面貌应该是什么样的？

据新闻报道，一个小男孩在 4 岁半时就完成 42.195 公里的马拉松跑，此举震惊了他的国家，人们称他为"马拉松神童"。

2007 年，5 岁的小男孩计划用 10 天时间跑完 500 公里行程。然而，就在他准备开始自己的漫漫征程时，一件意想不到的事情出现了：大量警察封锁了小男孩的长跑路线。原来，警方接到政府的指令，严禁他参加这项马拉松活动。当地政府的理由是：小男孩只是一个 5 岁的孩子，而 500 公里的路程，对他的体力和情绪都是一个负担。让一个孩子去尝试不属于他年龄的生活，是一种极大的残忍。国家可以不要神童，但有责任保护一个孩子的生命健康。

"要孩子，不要神童"，这是多么振聋发聩的呼唤！

很多人感动于这件事，是因为这句话切中了教育的肯綮：把孩子当成孩子。而不是看那些附加在他们身上的东西，甚至把附加的东西等于了孩子本身。

只是，我们太习惯于在平凡中去搜索孩子的天分，却忘了把孩子当孩子。

也许，家长和老师会说，现实的评价体系在那儿摆着呢，不及时挖掘天分，不成才，教育怎么向社会交代？

这话有道理。但是，尽管教育要受社会的影响，但绝不等于教育没有自身独立的价值取向和终极目标：教育不仅要为人才奠基，更要为"人"奠基。唯有如此，教育才能以自身的价值为他人所承认，才能真正地回归"教育"。

这是一件难办的事情，但绝非办不到的事情。

20世纪80年代初，吕型伟任上海市教育局负责人。他碰到一所中学，高考连续三年剃了"光头"，大家都讽刺校长是"光头校长"。

怎么回事呢？吕型伟悄悄到学校去考察。他发现学校环境十分整洁，师生举止也很文明，这不是很好嘛！后来，校长告诉他，学校周边环境很差，家长素质也低，学生从小耳濡目染，沾染了很多坏习惯。所以，他就把办学目标定位在培养正派的、有一技之长的人上。他把那些有希望进大学的苗子转到附近的重点中学，同时把重点学校认为考不上大学的学生，换到自己学校来。因此，他这所学校的升学率一直是"零"。

吕型伟感慨万分，他对校长说："你真了不起，教育界能出你这样的人，是教育界的骄傲。我要召开全市校长会议，请你来讲这三年剃'光头'是光荣的！"

为什么光荣？就是因为教育在此处回到了教育本身：当它面对生命时，不是急于得到肤浅的、一时的成绩，而是着眼于人复杂而又长久的生长。

这位校长明白，教育对生命所产生的那种遥远、阔大和不可比拟的影响，常常会超出一般人的设想。

所以，他愿意以淡定的心态去对待成功、对待成长。只因他坚信：教育是伟大的，它所思考和关心的问题，以及它对人性发掘的方式和着力点，都是其他行业所不能轻易抵达的。不管社会的人才观和价值取向如何扭曲，真正优秀的教育工作者仍然能坚信这份伟大。

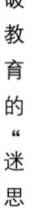

国外名校没有"艺术特长生"

新一轮课程改革推开以后，人们似乎陷入了一种迷茫之中：理论上儿童是美好的，现实中儿童却是顽劣的；理论上儿童是天真、真实的，现实却是"如今少年已成精"；理论上儿童是教育教学当之无愧的主体，传统的教化仿佛弃如敝屣，现实中教化却无处不在，如影随形。

理论与现实的对抗，源于我们对童年的不同理解。理论赞美的是童年的自然之质，现实面对的却是童年的消逝和儿童的社会化。

如何处理好两者的关系？学者刘铁芳强调教育的作用，他说："人性自然之质并不都是善好的，而且，自然善好的人性也并不总是可靠的。一个成熟的个人走进社会，是不能单纯靠自然人性的美好的，这意味着教化的必要性。"

但不可否认的是，教化必须以童年的价值为基，才能带领孩子由自然善好之本走向社会善好之质。童年最大的价值是什么？是一种无拘无束、自由生长的状态。可当下的教育却往往以"呵护儿童""保护儿童"之名，抹杀了童年的这一价值。

在广州市华阳小学，学校的滑梯很受孩子们欢迎。玩耍中，磕着、碰伤、摔跤的事情时有发生，偶尔还要面临家长的投诉。于是有老师建议："把滑梯拆了吧，免得学生受伤，发生安全事故。"

校长不同意。她说："滑滑梯可以培养孩子敢于冒险的精神，让他们学会保护自己。滑滑梯的过程中，孩子们常常摔倒，但摔倒、爬起、再摔倒、再爬起不正是孩子们成长的常态吗？"

"我们不让孩子现在冒险，将来就会有更大的风险！"

儿童生长需要空间。空间越大，成长的可能性才会越多。菲奇诺说："人是真正天生的雕塑家。"因为人的生命和生活，都是由人自身去塑造的。在这个过程中，外界过度的计划性与强制性的钳制，可能会导致结果的事与愿违，也可能会引发教育最大的问题，即把世界的发现和人的发现分开来。原因很简单：世界的发现是可以控制、计划的，人的发现却常常因为人性的深邃幽微和复杂而无法掌控。

这导致在教育的实践中，常常出现两个被人诟病的弊端：一是儿童的成长脱离了真实的生活情境，导致他们的情感发育、道德发育滞后。二是教育者习惯于"探照灯式"的教育设计，让儿童在锁闭的状态中，无法伸展开向上的生命姿态。

教育需要敞开，才能完成超越。

因为教育最神奇的地方，就是在看似"无所作为"（如做着与成绩无关的事情）之处，完成着世间最伟大的事业——成人。

一位12岁的女孩曾参加过一次别开生面的"夏令营"。那里没有严明的规矩、紧凑的安排，而是由孩子们自由选择，甚至可以不参加任何活动，待在宿舍里看书，甚至睡大觉！

这个孩子参加了夏令营的漂流兴趣小组，和同学划着皮艇漂流到了白海。14天后，她晒得黑黑地回来了，特别兴奋，说自己看见了棕熊……孩子的监护人很感慨：这样的经历将使孩子"终身受益"。

开阔的教育空间，让儿童体会到"脚踏大地，仰望星空"的生存状态，也让他们感受到一种生命的自由感，这是学科知识代替不了的促进儿童成长的"营养素"。

与"过度保护"相伴的，是功利主义对学校童年的入侵。如今，教育的弊病是重视什么，就计划着给什么打分、计分。像2011年要求在全国义务教育阶段实施体育、艺术"2+1"项目，即让每个学生掌握两项运动技能和一项艺术特长，还要组织对抗赛、会演。对此，北京语言大学教授石定果发出疑问：为什么要给孩子的综合素质能力打分？

功利主义使素质教育简化成了"证书"和"特长"，它们是学生进入高一级学校的"敲门砖"。于是，学生不管学习什么，不再是发于喜爱的初心，而是因为外在的"有用"。与中国教育形成鲜明对比的是，国外名校没有"艺术特长生"等说法。美国哈佛大学鳄鱼合唱团的一位成员说，再好的歌喉，也唱不开哈佛的大门。学生们参加合唱团，完全是出于纯粹的喜爱。

有一项调查表明，部分中国学生的学习多源于社会动机，功利性、目的性都比较强，而不是出于认识动机，强调对事物本身感兴趣。这种社会动机强、认识动机弱的心理状况，在一定程度上将影响个体的长远发展。

很多事实证明，认识动机一旦调动，产生的效果将是极其巨大的。知名科学家屠呦呦，在筛选了30万种化合物之后，发现了青蒿素。直到40年后，她才得到认可，先后获得美国2011年拉斯克临床医学研究奖和2015年诺贝尔生理学或医学奖，而支撑她走过来的，不过是"挽救许多生命"这一心中的梦想。

微软创始人比尔·盖茨赚取亿万财富又毫不犹豫捐出去的动力是：每天早晨一醒来，一想到要做的事情将会给人类生活带来的巨大的影响和变化，就会无比兴奋和激动。

对于当下教育来说，如何培养、保护学生的"认识动机"，而不要人为地放大"社会动机"将是教育者必须关注的问题。

社会动机加重了功利主义的力量，扭曲了童年的价值，绑架教育走上了轰轰作响的战车，以至于许多人把渡河的舟楫当作了彼岸，也让师生背负了沉重的负担。

大约20多年前，有一个活动面向小学生征集最聪明的一句话。其中有一个小学生的话是这样的："我的手很小，请不要往上放太多东西。"

这句话，值得我们三思。

学生个体应该得到制度的尊重

一位初中老师在介绍自己的学校时说:"我们开展各种校园活动,就是要让学生知道自己是一个独立的个体。"

那是一所普通初中。但每到年末,稍显简陋的校园,便成了孩子们欢乐的海洋。他们四处演讲,拉选票,参加全校海选,争当学生代表,组成学生委员会,参与、监督学校的管理。

在一次学生代表大会上,247名学生代表提交了185份有效提案,对学校管理的各方面提出了改进要求。然后,在学生代表和学校领导的互动环节时,精彩的一幕出现了。

一个学生代表提问分管后勤的副校长,如何改进食堂工作?

副校长作答。

学生代表不满意。于是,再问,再答……

足足半小时过去了。

那是冬天,副校长的脸涨得通红,鬓角旁渗出了细密的汗珠。

最终,那位学生代表对答案满意了,这才施施然地坐了下来。他的表现,博得了整个会场最热烈的掌声。

在学校里,这位学生代表不是成绩优秀者,也不是传统的"好学生"。但让学校老师感到骄傲的是,这位学生是有着独立个性的人格和健全公民精神的个体。现代化教育的目的之一,不就是培养具有独立人格的公民吗?火热的学校生活,就是要让学生明了如何去参与民主生活,如何去表达自己的权利和要求。

很多人因此佩服这所学校领导者的眼界与胸怀:他们愿意创造一种制度,去尊重学生个体的生命,去唤醒学生人格的独立。

而这正是现代化教育制度的价值取向之一:面对每一个学生,哪怕是最平庸、最困难的学生,我们也要去鼓励他们,去为他们打开精神发展的领域,让他们展示自己,宣告大写的"自我"的存在。

学校领导也很感慨，他们说："学校之所以能举办这么多活动，关键还在于教育行政部门。"原来，当地的教育局领导鼓励所有学校勇于创新，去办出自己的特色。与此相配套，教育局出台了一系列制度，鼓励学校"文化育人"，不片面追求升学率。

于是，一个良好的链条出现了：教育局用制度解放了学校，学校用制度解放了学生。也许，教育制度里最本质的东西，就不是制约而是解放，是去解放所有人内部成长的力量——没有思想的解放，没有个性的解放，就没有个人的创造力。而个人的创造力，才是教育改革的第一生产力，才是社会发展和进步的原动力。

但在现实中，学生的差异如此巨大，如何才能够让学生在制度的固定框架里发展不同的个性？这着实是对制度改革者的考验。

在研讨《国家中长期教育改革和发展规划纲要（2010—2020年）》的过程中，大家对高中是否应该文理分科进行了热烈的讨论。

赞成者说，文理不分科，势必加重学生的学习负担；反对者说，文理分科，对学生思维能力的培养影响很大。

各说各有理。但深究下去，我们会发现，前者站在"知识本位"的立场，而后者站在了"能力本位"的立场，但双方都没有站在"人的发展本位"的立场上。"人的发展本位"，是把人作为一个生命整体，去思考人的发展从哪里出发，如何展开，到什么程度。其关键衡量指标是一个人的核心基本素养，而不是单一的知识和能力。

于是，在这场讨论中，知识与能力被当成了人的本质。受教育者无形中被异化了，成为了一个个知识或能力的符号和代言人。

在这种思维方式下，文理分不分科，都脱离不了"考什么教什么，不考就不学什么"的怪圈，哪里还谈得上解放学生、发展个性？即使是那些设计良好的制度，也极有可能在实践中被扭曲、变形，从而只留下"初衷很好"的深深遗憾。如我们从国外"泊来"的学分制，设计的本意是为了发挥学生主动性，让他们自主安排自己的学业计划，从而认识和发展自己的个性、特长。但在"知识本位""能力本位"的大前提下，学分制成了加重学业负担的原因之一。北京一位高中在读学生就曾抱怨说："受学分制的影响，考试次数多了，教材量猛增，一个学期疯狂赶将近20本书的进度……某些学分设置成为学习中的一种变相负担。"

一些教育制度，就这样在"张扬主体"的口号声中忽略了主体，在"尊重个性"的旗号下泯灭了个性。这在许多人仍然高呼学习西方教育制度、热衷于"制度万能"的今天，不能不引起我们的思考。

创办了日本第一所大学的福泽谕吉，是现代日本民族的灵魂人物。今天日本钞票最大面额是一万日元，上面的头像既不是天皇，也不是任何政治军事人物，而是福泽谕吉。

他曾说，一个民族要崛起，要改变三个方面：第一是人心的改变；第二是政治制度的改变；第三是器物与经济的改变。这三个方面的顺序，应该先是心灵，再是政治体制，最后才是经济。把这个顺序颠倒过来，表面上看是捷径，但最后是走不通的。近代日本基本上就是按福泽所指的方向前进，并最终获得了成功。

福泽说的是民族之崛起，但细想，教育现代化不也如此吗：第一应是价值观的改变；第二是制度的改变；第三才是经济投入。我们今天的教育改革之所以遇到这么多难题，就是因为在没有彻底解决价值观的前提下，便先大量投入、再改革制度，恰好走了一条福泽认为走不通的路，才有了投入效益不高、制度结果变形等种种不尽如人意的现象。

要解决教育的价值观问题，首先要关注学生。我们怎样看待学生，就会有怎样的教育价值观。对学生的理解，是整个教育的核心和奥秘所在。经费投入、制度设计，都要从这个核心出发。只是，我们该去如何理解学生？

心理学家R.J.斯滕伯格经过研究，认为每个学生的智力都是"批判—分析性思维""创造—综合性思维""实用—情境性思维"这三种智力按不同比例合成的产物。教育者需要培养所有类型的智力，而不是仅仅重视一种。而加德纳的多元智能理论也表明，不同的人会有不同的智能组合。

所以知识也好，能力也罢，都不过是一种教育手段，是一种让学生去发现自己、发展自我的手段。学生发现的自己是各不相同的，发展的自我也是大相径庭的。

这些各不相同、大相径庭的未来公民，是将来中国社会保持永不衰竭的活力之源。

差异是教育发展的动力，也是社会进步的珍宝。

作为教育机会均等的早期倡导者，学者科尔曼在《教育机会均等》报告发表20多年后，又重新纠正了这一概念，他认为"教育机会均等"的概念是一个"错误的""误导的"概念，"比'平等'更为合理的概念用语应该是'不平等的减少'"。完全的平等与完全的自由只有在极端的情况下才有可能实现，现实中只能追求"减少不平等"，即自由和平等的均衡。科尔曼对自己的纠正，很大程度上正源于他对学生个体之间巨大差异的深刻思考。所以，当我们建设现代化教育制度时，必须思考的一个"上位"问题是：我们该如何在保持公平正义的价值准则下，给每个人适合的、可选择的教育？

现在，我们有对智力障碍学生开设的特殊教育，但智力和天赋高的学生却只能接受统一的教育。为此，清华大学经济管理学院院长钱颖一以统计学的术语描述了他对当前中国教育现状的观察，即中国教育在知识能力培养上"均值"高，但人才水平"方差"小，缺少拔尖者。

这一论断，与杨振宁的一段话不谋而合。杨振宁说，中国教育"平均起来是好的"，但中国的教育制度，从中小学起，有一个不好的地方，就是对特别好的，占总数5%的最聪明的学生比较不利。

这其实涉及我们对教育公平的进一步思考。初步的教育公平，可以是资源配置的标准与平均。但随着社会经济的发展、教育的进步，将来的教育公平会逐渐走向更具内涵价值的公平，即依据学生的禀赋，去分配教育资源。这是更适切教育本质的公平。

这种观点，并不是呼唤精英主义。只是，一个社会、一个国家、一个行业，是需要精英的，他们是社会与国家进步的"关键人才"。正如比尔·盖茨所说的那样："拿走最关键的20%的员工，微软也只是一家普通的公司。"一个国家又何尝不是这样？

让儿童以能够接受的方式成长

"站在儿童的立场"，应该是教育者的实践哲学。所谓实践哲学，是教师在长期的实践活动中，对于教育实践目标、手段方法、策略等整体理论的把握。作为实践哲学，它不是现成的教育操作程序，它只能唤醒和启迪教育者，让他们在实践的过程中，将其内化为自己的思想、精神和智慧。

但我们的误区是，常常把"站在儿童的立场"视为教学艺术，看作拿起来就可以使用的"处方"。这个时候，儿童失去了具体的影像，变成了抽象的符号——"处方"适用于求同的、抽象的对象，方便我们去复制、去拷贝。

复制的做法具有多大的诱惑啊！所以，很多时候，我们忙碌地寻找"怎么做"，却忘了追问"为什么"。正像我们只记得福禄贝尔的"恩物"，而忽略了其关于儿童游戏思想的本质一样，我们也只记住了赫尔巴特的教学形式阶段，却没有深刻理解他的"不存在无教学的教育，也不存在任何无教育的教学"。

某市一所中学，采用了一项动态网络技术，如果学生高中期间综合素质优秀及获得学分高，评价系统将自动给予虚拟币作为奖励。看到这则消息，让人顿生疑惑，这种奖励尽管是虚拟的，可和我们读小学时获得的小红花有什么区别？在教育者的眼里，小学生与高中生又有什么区别？这样的做法，看似站在了儿童的立场，但此时的儿童，却只是被消除了个体差异的符号对象。

一个凝固了的、符号化了的"儿童"又有什么意义呢？站在这样的儿童立场，就好像当今社会批量生产商品的流水线原则，也许有象征的意义，却封闭了每一个具体的儿童的生动和丰富，封闭了教育者与受教育者之间变幻多彩的互动性，封闭了由教育者和受教育者共同构建的教育世界生生不息的流动性。

只有当我们把"站在儿童的立场"作为自己的实践哲学时，儿童才会成为这个语境中活生生的个体："儿童的立场"只是给教育者提供了一种精神的引导，具体方式必然因人而异。

然而，站在抽象的儿童的立场容易，站在具体的儿童的立场困难。即使是一个自认为有现代教育理念的教师，面对学生，也难免常生这样的感慨：真正了解自己的学生太难，他们的小脑袋里有太多精灵古怪的想法。

如何才能站在具体的儿童的立场，让它成为教育者的实践哲学？

"成为长大的儿童"是一个可资借鉴的药方。这是老生常谈，却也是真理所在。"成为长大的儿童"是一个公开的秘密，掌握了它，就可以了解到教育的真相，可以在教育者与受教育者的心灵间自由游弋。

还记得《窗边的小豆豆》（黑柳彻子）里的校长小林宗作吗？

在大家眼里调皮捣蛋的小豆豆，一次上厕所时，因为往下看，把自己最心爱的钱包掉了进去。不管三七二十一，小豆豆拿起勺子就开始掏粪，发誓要找到自己的钱包。上课铃响了，小豆豆的思维是儿童式的："这可怎么办呢？反正已经掏了这么多了"，还是"继续干下去"吧。

这时，恰好校长路过，看到小豆豆在掏粪，就问："你在干什么呢？"小豆豆连住手的工夫都舍不得："钱包掉进去了。""是吗？"只说了这两个字，校长就走开了。

过了一会儿回来，校长看到小豆豆还在起劲地干着。粪堆已经像小山一样了。于是，他把脸靠近小豆豆的面颊，以朋友般的口气说："干完了要把它们都送回原处去哟！"

因为站在了小豆豆的立场，所以当校长看到小豆豆的行为时，他没有像其他成年人那样阻止小豆豆："你在干什么呀？""太危险了，快住手吧！"也正是因为站在了具体的儿童的立场，所以校长并没有因小豆豆的缺课而怒不可遏，他知道，一个在成人看来微不足道的理由，却可能是儿童最最在意的大事；儿童的成长中，总是充满了偶然的、却具有决定性的细节，它们来源于儿童的不确定性，然后直指向儿童的可期待性。

钱包没有找到，小豆豆却改掉了自己上厕所爱往下看的毛病；在她的心里，校长也成了她"最信任的人"。这种教育者与受教育者之间畅通无碍的心灵沟通是多少人梦寐以求的境界啊！

在这种境界里，我们可以让儿童以自己能够接受的方式成长，而不是把成人的一切硬加在儿童的身上。换句话说，一旦"站在儿童的立场"成为我们的实践哲学，教育生活的全部都将在我们的意料之中——此时，儿童的不确定性和可期待性，呈现出一种"童年之美"，不再是让教育者焦虑的问题或缺陷。

"站在儿童的立场"，是一堵教育世界的承重墙。缺失了，教育世界即使不坍塌，却极有可能扭曲。

如何做一个"站在儿童立场"的教育者，并对践行的困难有充分的估计？这需要见仁见智的选择。

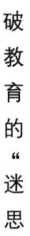

儿童教育就是培养好习惯
——对当代少年儿童行为习惯的研究

"教育就是培养习惯。"这是教育家叶圣陶先生的一句话。以良好的教育养成良好的习惯，是儿童教育最核心的任务。儿童时期既是习惯养成的关键时期，也是最佳时期。基础教育的基本含义之一，就是从小养成良好习惯，努力形成健康人格。

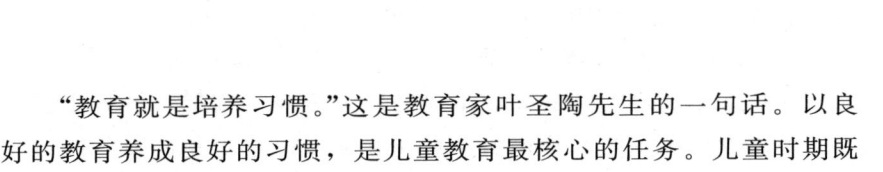

一、八个良好习惯与七个不良习惯

从调查和对专业人士的访谈结果看，当前少年儿童在行为习惯方面有以下特点：总的看，好的习惯多于不良习惯；父母和教师对少年儿童的习惯评价积极的方面多于消极的方面；少年儿童在做人、做事和学习三个大的方面养成了一些基本的良好习惯，发展比较全面；在某些方面，当前少年儿童身上还具有一些富有时代气息的良好行为习惯。

从整体上看，当前少年儿童具有8个或8个方面比较突出的良好习惯：（1）勇于表现自己；（2）生活比较有序；（3）待人有礼貌；（4）喜欢交往；（5）做事遵守规则；（6）爱护环境；（7）敢于发表自己的见解；（8）喜欢新事物。

通过对少年儿童、父母、教师提出的需要改进的习惯的分析，当前少年儿童存在的主要不良习惯有7个方面，分别是：（1）喜欢依赖别人；（2）任性，做事经常以自我为中心；（3）害怕承担责任；（4）在交往中容易伤害别人；（5）不爱劳动；（6）在消费中，盲目攀比、炫耀；（7）学习不爱刻苦钻研，常常被动学习。

分析一下，可以归纳出三个特点，即传统性习惯（如认真学习、专心听讲等）好，时代性习惯（如独立思考、勇于开拓等）不足；强调动作性习惯（如爱护公物、节约等），忽视智慧性习惯（如反思、有效处理信息等）；重视私人性习惯（如做家务、自我保护等），忽视公共性习惯（如诚信、对社会的责任心等）。

二、习惯培养必须遵循的四个重要原则

根据少年儿童身心发展的规律、形成行为习惯的规律，学生在习惯培养中必须遵循四个原则：

1. 习惯培养的关键期原则

少年儿童良好习惯的养成主要是后天教育的结果。行为习惯培养的关键期原则，主要是指如果在幼儿期及早培养其良好的行为习惯，则所花的时间少而且收获大。也就是说，在幼儿期培养良好的行为习惯效率最高，过了幼儿期，则要花更多的时间和精力来培养。特别是如果已经养成了不良行为习惯，则要花成倍的时间来矫正。

2. 习惯培养的差异性原则

每个个体先天的遗传基因和后天的家庭、环境、教育都有所不同，这就造成了人与人之间个体差异的客观存在。因此，人才的培养、良好习惯的养成必须遵循面对有差异的学生，实施有差异的教育，达到有差异的发展这样一个原则。这种差异性反映在主体方面，主要有生理上的差异、个性的差异、认知风格和智力等方面的差异；反映在客观方面，主要有儿童生长的家庭环境、社会环境和教育目标、内容及方法等方面的差异。

3. 习惯培养的一致性原则

从宏观上考虑，首先要思考当今培养儿童的行为习惯，应该与21世纪经济全球化、知识信息化、高科技竞争时代相一致；其次是小社会（学校、家庭）和大社会（大千世界）的行为习惯要一致；最后是客观与主观要一致。从微观上思考，首先是家庭成员在对儿童的要求上要保持一致性；其次是家庭中父母、学校中老师自身的言行要一致，教育者的方式不一致会使教育者失去教育的权威性；最后是培养儿童自身言行的一致性。

4. 习惯培养的整体性原则

首先要考虑的是人的心理过程的知、情、意、行的整体性；其

次要考虑儿童学习、生活的整体性，也就是要把对儿童行为习惯的培养放在正常的儿童生活中；最后要考虑把对儿童良好行为的培养和不良行为的矫正相结合。

三、给教师的十一条建议

如何使少年儿童在宽松、和谐、融洽的环境中轻松自然地培养好习惯，教师起着十分重要的作用。为此，给教师提出十一条建议：

1. 尊重学生，建立平等的师生关系

没有尊重，就没有平等，孩子尽管要尊重师长，但也有被尊重的需要。当教师把孩子作为一个权利主体尊重时，他们身心发展的巨大潜能就会得到充分发挥。因此，在培养少年儿童好习惯的过程中，教师要尊重学生，建立平等的师生关系。这样，既可以显示教育的人情味和人性化色彩，也有利于促进民主、平等的习惯意识的培养。

2. 重视孩子的感情

培养学生敏感、丰富的体验也是完整的教育所需要的。人的感情是心灵中最隐秘、最脆弱，也是最容易被激发的区域。教师重视学生感情，学生得到尊重，受到重视，有助于学生养成温顺、谦和、乐于分享、善于沟通的性格习惯，而教师自己也会更有人情味。

3. 要有一颗公正之心

优秀的教师应懂得如何控制自己的情感。学生们对教师公平与否的事情特别敏感，如果学生们看到教师一直用一视同仁的态度对待每一个学生，不论对方是男生、女生，不论对方漂亮、丑陋，也不论成绩好、坏，他们就会受到启发和激励，会感到教师的诚实和公正。由此，学生会获得安全感，有助于培养学生自信的习惯。反之，学生会惧怕犯错误，产生孤独和排斥心理，不利于学生好习惯的养成。

4. 培养好习惯不能改变孩子天性

目前的教育，很大程度上只重视角色教育而忽略对人自身的教育。这样导致的结果，是重共性轻个性、重义务轻权利、重服从轻自主、重外在的纪律轻内在的能动，这是一种不健康的教育。在这种教育中，孩子们的个性受到压抑，而没有个性就没有独特性，没有独特性就没有另辟蹊径的创造性。因此，培养好的习惯，就要尊重孩子的天性。

5. 引导孩子相互欣赏

引导学生学会喝彩，相互欣赏。教师可以让学生想一想自己被别人嫉妒过没有？引导学生明白那种痛苦的滋味；问一问自己嫉妒过别人没有？培养学生的自省能力；谈一谈自己被别人赞美的感受，体验美好道德带给人的愉悦；引导学生试着从心里赞美别人一次，并谈谈自己的体会，增强学生的道德感受能力；还可以引导学生议一议，竞争是不是超过别人，让他们不如自己？培养学生的道德分辨能力。

6. "授人以鱼"不如"授人以渔"

"授人以鱼"讲的是灌输书本知识，"授人以渔"是培养孩子的独立思考的能力，独立处理问题的能力。要培养孩子的创造力，就必须先培养孩子独立的思维能力；而培养孩子的独立思维能力，就必须从鼓励学生在课堂上大胆质疑开始。

7. 架起沟通的桥梁

在教育教学中，常常存在"告状"的现象。教师将学生所做的错事告诉父母，容易形成学生与教师、父母的对立与逆反心理；学生干部向老师告状，容易形成同学与学生干部、教师的对立情绪。对立只能导致教育陷入困难局面。变告状为沟通，让父母起指导、督促的作用，使学生干部融入学生之中。学生自己能解决的问题，尽量让学生自己解决，教师只起引导作用。变告状为沟通，能使孩子们处于一种彼此信任的和谐状态，有利于促进孩子诚恳、开放的民主习惯的养成。

8. 培养好习惯需要良好的环境

教师对良好环境的形成起着至关重要的作用。少年儿童对教师很崇拜，教师赞扬什么，鼓励什么，或不赞扬什么，不鼓励什么，往往会对学生产生深远的影响。因此，教师的行为本身就在传递着信息，就在营造着环境。而好的环境一旦形成，就能对培养学生的好习惯发挥不可估量的作用。

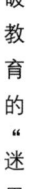

9．引导学生自觉遵守规章制度

如何才能更好地引导学生规范自己的行为呢？要遵循三个原则：(1)规章制度要通过学生的理解执行；(2)当学生违反规定时，要实施必要的惩罚；(3)学生违反了纪律，不能简单地归结为明知故犯。教师应当对学生寄予"能自觉遵守规章制度"的期望，从而从心理上推动学生的进步。

10．爱教师更爱真理

在教育教学中，教师应该尽力为孩子创设促使自身发展的环境，给孩子探索的自由，给孩子自省的空间，给孩子尝试的权利，充分发挥学生的潜能，而不是以教师的标准为标准。

11．在反思中培养好习惯

培养学生的好习惯，教师首先要反思自己的教育习惯，将一种科学的态度融入日常的教育教学和生活中。其根本点是，教师的教育着眼于学生的人格养成，并使之形成习惯。

第二章　教育的"盲点"

思维的高度决定人生的高度

近年来，法国的高考作文题目备受关注。吸引人们目光的，是这些题目呈现出的浓厚的思辨与哲理色彩：

(1)"我是谁"这个问题能否以一个确切的答案来回答？(2)能否说："所有的权力都伴随以暴力？"(3)感知能力是否可以来自教育？

一位网友在比较了我国和法国的高考作文题后，感慨地说："他们锻炼的是思维，是逻辑，是深度。而我们锻炼的是什么？是条条框框，是强势评判，是整齐，是应付，是适应。因此，我们没有想法，没有意见，没有火花，因为我们还是孩子。"

法国人重哲学，由来已久。在法国，从小学便开设有哲学启蒙课。有的小学每周都有哲学课，每次的程序都是一样的。首先，重申一次规则：不能评论别人，要尊重其他人；其次，发布这堂课要讨论的话题，大家可以主动地自由发言，每个人都有讲话的机会；最后，一起听刚才大家发言的录音，听过录音以后，往往孩子们会从更深层次的角度去思考，并引发另一轮新的讨论。

为什么法国人重视哲学？原因至少有两个。

首先，学习哲学，不是寻求精神的蜗居，而是为了当下人格的卓越与健全。

我们教给学生的，除了一个知识世界外，还应该有一个"意义世界"。同时拥有这两个世界的人，才是一个完整、独立的人。哲学着眼于引导人对自己和世界的深思，力求去发现自我的价值，从而帮助人建构起一个极具个性的"意义世界"。缺失了它，人难免会陷入精神空虚的境地。

近年来，新闻报道中出现多起学生闹出的极端事件，人们往往把原因归咎于学习负担重。但我以为，根本原因不在于此，而在于学生看不到负担的意义在哪里。学生常常被告知，刻苦学习是为了考上好大学，找一份好工作，挣大钱……难道这就是努力学习的全部意义吗？正处于信念和价值观形成期的学生，怎么会满足于这样的人生？怎么会从中看到自己生活、学习的价值？

也许，在很多人看来，哲学里充斥着无用的知识。

为什么说是无用的？是因为这些知识在市场经济里不具有交换价值。

然而，正是那些看似无用的、超越功名利害的知识，才是教育的核心所在。著名哲学家罗素曾奉劝人们多欣赏无用的知识，如艺术、历史、哲学等。因为他相信，只有从无用的知识里，才能滋生出人生的智慧——在那里，有个体对自我生命之本真的追寻、有个人德性的内在完满以及生命意义的丰富与深刻。在这个意义上，教育的无用即大用。

其次，学习哲学，能培养学生的批判性思维和辩证的思维方式。

新加坡有一道高考作文题："哲学只是提问而并不回答，为什么学习它？"

法国教育部颁发的大纲，仿佛是对此的回答。它说，哲学课的目的是"培养学生的批判性思维并建立理性分析坐标以领悟时代的意义"。也就是说，让学生学会对周围司空见惯的现象说"不"，在未来的实际工作中养成创造性的思考方式。

这也许从一个侧面回答了"钱学森之问"。

在法国，从笛卡儿到庞加莱，法国数学的哲学思考传统绵延不断，这两位几何学和拓扑学的开拓者也是哲学家。其结果是，几乎每隔十年八载，法国都会产生一位享誉世界的数学大师。

相比之下，我们更多地依赖了天才人物的出现，比如数学家华罗庚。是否通过系统的哲学学习和思考获得了批判性，造成了两国杰出人才群体的巨大差别。

有研究表明，一个人事业的成功与其批判性思维相关系数高达0.84。科学史上那些所谓的天才，无非是比一般人更具有强烈的批判意识罢了，哥白尼、牛顿、达尔文、爱因斯坦……无一不具有自觉而深刻的批判意识。尤其在青少年时代，他们曾普遍接受过批判

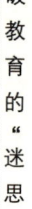

性思维的熏陶或者训练，发展出了常人难以企及的独立思考能力。因此，他们在一生中始终掌握了学习什么和研究什么的主动权，享受着自由探索的乐趣，而绝没有遭受我们今天题海战的痛苦。

至于钱学森自己，也早在中学阶段就开始了人生哲学、伦理学、科学概论等必修综合课程的学习。

与今天的教育相对照，我们不难理解，为什么沃尔夫数学奖获得者丘成桐说，中国基础教育阶段的学生基础打得牢是一个谎言。

让我们的教育补上哲学这一课吧，让哲学教我们"学会思考"（冯友兰语）吧。

令人欣喜的是，少数老师开始意识到这个问题。

江苏省的一位高中地理老师，专门给学生开了一门《西方哲学家介绍》的校本课程，其实就是"西方哲学史"。

课堂上，他给学生讲黑格尔的辩证法，讲正反合的思想，讲形式逻辑。他在课上常常发问，这些问题刁钻古怪："对和错不能同时存在吗？""是先有鸡后有蛋，还是先有蛋后有鸡？"

课后作业，是让学生写哲学作文。比如，写《人，诗意的存在》。这位老师要求学生思考"存在是什么"，探求"人存在的根本目的是什么"，最后讲"人如何诗意地存在"。

谈及开课的初衷，他说："思维的高度决定人生的高度。"他要做的，就是让学生思想自由，能用批判、系统、辩证的思维方式，去探究生命和世界的本质。

当然，这位老师的实践在现实中也遇到了各种困难，比如，学生对哲学重要性的理解不深，现行高考制度对哲学学习的挤压等。

但问题的根本原因还在于：哲学是一种理论沉思，但现在的教育沉不下来。

就拿目前的社团来说，无不搞得热热闹闹，学生们学习着各种技艺与才能。社团更多地成为了各种社会生活的翻版，或是特长加强班。为什么偌大的校园，就没有一个安安静静的社团？它如同思想沙龙一样，让参与者倾听哲人、与哲人对话、和同龄人共思，去寻求内在精神的满足与意义，去勇敢地批判与创建。

亚里士多德说："幸福存在于闲暇之中。"他所说的幸福，是心无旁骛的哲学思辨。哲思需要闲暇，在闲暇之中我们才能进行哲思。而为了思考而思考，该是一种多么纯粹的快乐。

希望能有这样一种快乐的教育。

一节课只讲了三道题，是低效吗？

近年来，"有效教学""高效教学"被许多改革者奉为圭臬。是否有效、是否高效成为衡量一节课是否优质的标准之一。然而，山东省优秀初中数学教师刘建宇（现在北京育英学校工作）的做法，给了人们很大的触动。

在他的一节课上，刘建宇只讲了三道题，分别是有理数加减、整式加减和简单方程。

为什么三道题花了整整一节课呢？

原来，对于第三道方程题，有两名学生一直弄不明白。通常，为了不影响教学进度，教师会对两名学生进行课外辅导。但刘建宇不这样，他先请几位学生当"小老师"，他们却没讲明白，于是他又亲自讲解。光这道题，就花掉了大半节课的时间。

课后，刘建宇解释说："这堂课的定位是让学生明白数、式和方程之间的联系，即数是为式服务的，式是为方程服务的，而方程是为解决现实问题服务的。"

"看似已掌握了知识的'小老师'，一讲解，就暴露出思维的深层次问题。他们之所以讲不明白，是因为只理解了式与方程之间的联系，而没有把数、式、方程打通来思考；不懂的学生听不明白，是因为他们只理解数，不理解式。我最后的讲解，让已经会了的学生对问题理解更进一步，明白了式与数的关系；而后进的学生则知道了如何移项。"

刘建宇在一道题上磨叽了大半天，他不急。可是，听课的老师着急啊："要是换我来讲，十道题也讲完了。像这样的效率，可了得啊？教学进度还要不要？我当时听课，听出了一身汗！"

是啊，像这样的课堂，是高效还是低效呢？

还是在刘建宇老师的数学课上，因为学生课间操跑步时，嬉笑打闹，他决定拿出一整节的数学课，带领学生去跑操。跑了几圈，学生累得不行，想停下来，刘建宇大吼一声："跑！我都能坚持，你们坚持不下来吗？"

那节数学课，学生跑得大汗淋漓，跑得整齐有序。从那以后，班级的精神面貌有了很大的改观。

可是，这是一节数学课啊，四十五分钟都在跑步，是有效还是无效？

刘建宇老师被当地同行称为"神人"。他所教的班级，初一时全年级倒数第一，初三毕业时全区第一；他所教的班级，整个初中三年都没有家庭作业，学生负担极轻；他所教的班级，仅用40节课时间，就能学习完初中三年的教材。

与刘建宇老师的交流，一直在启发人们的思考：

首先，有效的标准是什么？应该是思维的发展而不仅仅是具体知识的获得。优秀的课堂，其结构逻辑建立在学生的思维逻辑之上；优秀的教师，可以透过知识的表层看到学生思维发展的路径。

真正有效的课堂，不在于用多快的速度把一个完整的知识体系呈现给学生，而在于是否教给了学生思维方法、基本原理和核心概念，在于是否根据学生的实际需要，在他们思维的节点上进行了放大。这是因为，一个学科的思维方法、基本原理和核心概念是该学科的根源，涉及某一类问题的根本。而大部分的具体知识，不过是从这根上衍生出来的枝叶。千枝万叶，根茎只有一个。离开根茎，其他枝叶也就无所依附。

而我们现在很多所谓的有效课堂、高效课堂，只是着眼于如何快速有效地让学生把握住具体知识，于是学生们知道了知识，却不知晓知识间的意义和联系，掌握了解题方法，却不能理解背后的原因和道理；他们手里握住了大量的"枝叶"，却放弃了最为重要的"根茎"。这样的课堂，单独一节来看，是高效的；但从学生的整体发展来看，无疑是低效的。

其次，用什么样的时间段来衡量教学是否有效？一节课、一学期还是三年、六年？

如果用一节课为单位，刘建宇老师后面的一节课是无效的，因为任何数学知识都没有涉及。但如果以初中三年为单位，这节课又是高效的，因为它改变了学生的精气神，调动了学生认真学习的动力。

眼下我们提倡的有效教学，恨不得课堂上的每一个教学环节都直指教学目标的达成，恨不得老师说的每一句话都能产生相应的教学效果。

殊不知，教育教学里存在大量混沌的、灰色的地带，在这些地带，并不是所有的教育教学手段都能产生相应的教育教学效果。这是因为，教育教学所作用的人，其生命成长本身就具有致密、混沌、繁杂、非匀速的特征。所以，老师会发现，同样一个教学环境，对部分学生是高效的，对有些学生是低效的，而对个别学生是无效的，甚至是反效的。那种试图设计出让每个人在一节课上都获得充分高效发展的方案的想法，不过是一种科学主义的迷信罢了。这种有效观，把师生的生命都机械化了，使他们成为快速运转的教学机器上的一个个齿轮，再也感受不到生命成长的喜悦，从而呈现出短期有效、长期无效的结果。

所以，衡量一位教师的教学是否有效，应该将时间适当拉长，至少在三年的时间段里来衡量，给学生以足够的安静生长的时间，也给教师从容施教的空间；而且，"有效教学"的提法也值得商榷，因为教学一旦离开育人，就难以谈到"有效"二字。看看古人的智慧，为何把"教"与"育"相连？那是因为真正有效的教学，一定是和育人离不开的。所以，与其提倡有效教学，不如大力提倡"有效教育"。

有效教育对教师提出了很高的要求。

一方面，教师必须要有深刻的专业学识。刘建宇告诉记者，他进行教学设计时，学生的学习基础、学习态度、思维方式、知识在整个数学体系中的位置以及知识的价值等都在考虑之中。为了备好一节课，这位教龄已十多年的教师，仍然需要花三四天的时间，每天只睡三四小时。以至于一学期下来，刘建宇足足瘦掉了10多斤！

刘建宇的付出，换来的是学生学得轻松，学得快乐。在这里，优秀教师的专业学识不在于会做题、会讲课，而在于他能够系统地把握学科知识，知晓任何知识的来龙去脉，对知识和教育有自己独到的见解，他能够让课堂呈现出一种阔大的气象和格局来，从而让学生真正体会到"在知识的海洋里遨游"的快乐。像鲁迅曾在北大开设"中国小说史略"课程，吸引了一大批青年，其中很多不是中文系的，甚至不是北大的学生。当初一位听过鲁迅讲课的人后来回忆道："听鲁迅先生讲课就像听一部人类文明史。"

试问，如今有多少课堂能让人产生这样的感慨呢？

另一方面，老师一定要把育人与教书巧妙地融合起来。课堂是一个载体，它承担着为"培养人"服务的重任，而不仅仅是传递知识的场所。所以，优秀的教师眼里看到的不是学生，而是一个个活生生的生命，他的情感与学生交织，他的心脏与学生一起跳动。

刘建宇就曾真挚地说："我怀着对民族和国家的责任感来培养人。"毕业多年，许多学生仍然记得这位普通的数学老师。一次教师节前夕，一位学生给刘建宇发来短信："前几天我做了一个梦，梦见您不教书了。我就一直跪在您面前，哭着哭着就醒了，老师，想您，太想您了。"

这就是优秀教师的力量，他把学生的人生态度、情感和志趣看得远远大于知识的传输，而这些，会在学生的心灵深处留下烙印。

教育最大的挑战，是"发现新的思维方法"

2010年，英国曼彻斯特大学教授安德烈·盖姆，因为得到了单层的石墨，也就是石墨烯，而获得了当年的诺贝尔物理学奖。

那是一种科学家曾经认为不会存在的二维物体，它不但是人们获得的最薄的物质，也是最坚固的物质。人们预计，石墨烯将来有可能应用在各种新鲜的电子设备上。

也许你们会想，盖姆教授得付出多大的努力、得使用多特别的仪器，才能让自己获得这一殊荣啊？

答案恰恰相反。

他用的是最便宜的工具——透明胶带。他用透明胶带粘在石墨的顶层，再撕下来。这样就会有碎片脱落，粘在胶带上。这时碎片仍然相对很厚，盖姆就对折胶带，再粘一次，得到更薄一些的碎片。重复这个过程10～20次，就得到了10层薄的石墨薄片。最后，在此基础上，他得到了石墨烯。

盖姆用透明胶带剥离石墨薄片的做法，被学术界命名为"透明胶带技术"。这样一个听上去不够"高科技"的技术，却帮助他获得了科学界曾经认为不可能得到的材料。

此前，一位中国人曾有机会分享盖姆的荣誉。他是盖姆新招的博士生，盖姆让他把一块石墨打磨出小薄片来，越薄越好。

这位中国博士生，用一台精密的打磨仪器工作了整整三个星期。然后，他拿着打磨出来的石墨薄片见盖姆。盖姆用显微镜观察了一下，这个薄片大约有10微米，也就意味着大约有1000层碳原子。

盖姆问他："你还能弄得更薄一点吗？"

中国博士生回答说："那样的话，我需要一块新的石墨。"

盖姆提供的石墨叫做"高定向热解石墨"，大约300美元一块。

听他这么一说，盖姆的话就不那么中听了，他对中国博士生说，你不需要为了一个薄片而把整块石墨都用光啊。中国博士生则回敬道："你这么聪明，那你自己干啊！"

博士生的话说到这个份上，盖姆作为导师别无选择，只好亲自上阵。

他没有在中国博士生面前丢脸。小小的透明胶带，就解决了中国博士生认为不可能解决的问题。

盖姆与中国博士生的差别在哪里？是知识的多寡吗？

恐怕不是。

他们的差别，正在于各自思维方法的高下。

这位中国博士生，成长在处处有标准答案的教育系统之中。在这个教育系统中，学生学习的过程就像是一个"建超市"的过程。他们没有选择地把大大小小需要考试的东西搬进自己的"超市"。然后考试的时候，对着一个"提货单"进行提取。学习好的学生，就是对存货进行细致存储，并在存储之前进行清晰分类的学生，这样，在提取的时候就比较方便，也容易取得很好的考试成绩。

然而，当遇到没有标准答案的新情况、新问题时，拥有"超市型"知识的学生便一筹莫展了。

真正的智慧，掌握在那些拥有自己"工具箱"的人手里，就如盖姆教授那样。他们有自己的方法体系，遇到问题，能够从不同的角度理解它，也能够创造性地解决它。

现在，我们的教育教学很强调学生的兴趣，以为只要调动了学生学习的兴趣，他们便可主动吸取知识，很多问题也能迎刃而解。但我更赞同爱因斯坦的观点。他认为，只有掌握了方法，才能感受到学习的乐趣，而不是相反。

思维方法，并不能直接传授，它只能让学生去感悟、去顿悟。这是因为，思维具有自我完成的品性。涵养它，要舍得"耗费"宝贵的课堂时间，下得"水磨"的功夫。尤其是对核心知识的学习，要拒绝直线式教学，提倡抛物线式教学。

什么是直线式教学？就是把知识从老师那里，一条直线式地传输给学生。知识学得快，效率高，但学生的思维无法向深层次发展，智慧悟得少。

什么是抛物线式教学？就是老师先去"探测"出学生脑海中已有的知识，对其发出挑战，然后让学生自己去意识到问题所在，自己去探索，进而建构起自己新的知识体系……它强调质量重于数量、意义重于记忆、理解重于知觉。

看起来，老师放慢了教学节奏，但学生思维实现了深度卷入，思维品质也更加经得起考验。

可我们的教育，恰恰少有这种抛物线式教学，少有通过感悟、顿悟让学生去形成自己思维方法的过程。

我们的教育能不能在保持原有优势（如对"双基"的重视）的基础上，围绕核心知识、核心能力、核心素养的学习与养成，适时改变教育的节奏？

比如，在知识的授予过程中，不要把知识当成免费的黄金珠宝，把它们直接塞给孩子。而是学会选择，在一定时间里严格限制孩子得到知识的数量。像一个月允许孩子得到一个核心知识，在这一个月里，孩子们必须付出很多的汗水和辛苦，动手、思考、感悟，学习核心知识的过程，也就是培养核心能力和核心素养的过程。

我们的教育，尤其是中小学教育，不要一味做知识的"贪婪鬼"。

算一算，一个核心知识，如果是直接讲授的话，也许只要一天。用一个月的时间学习，相差29天，这29天就是感悟、领悟的时间。"慢"的抛物线式教学，会让孩子获得一个高附加值的东西：智慧；会养成一种令人渴望的品质：创新。

"智慧"是什么，其实就是一个人发现知识和运用知识的能力，是锤炼出来的能够以不变应万变的"工具箱"——思维方法或方法体系。拥有了它，我们就拥有了征服未知的工具。

方法的知识，对于个体来说，具有终极的和终身的意义。所以，法国哲学家笛卡儿才说："最有价值的知识是关于方法的知识。"而美国教育学家克罗韦尔则指出："教育面临的最大挑战，不是技术，不是资源，不是责任感，而是……去发现新的思维方法。"

面对这个挑战，我们准备好了吗？

一些先知先觉者开始行动起来。有的学校开设了思维方法课，如南京师范大学附属小学；还有的学校开设了儿童哲学课，如上海市杨浦区六一小学。

也许有人奇怪：哲学与思维何关？

在很多人看来，哲学是"无用之学"，因为它不能解决具体问题。但它思考问题的路子，却可启迪智慧，帮助人们养成独到的思维方法。因此，哲学才会又被视为"大用之学"。

曾获诺贝尔物理学奖的日本科学家汤川秀树，坦率地把自己的物理学成就归功于中国道家哲学。他在幼时背诵《庄子》，书中的"攸""忽""混沌"等概念激发出了他的"介子"理论构想。

著名科学家钱学森晚年提出了大成教育构想。在这个构想中，所有知识分成了11个门类，如自然科学、社会科学、数学科学、系统科学等，而与这11大科学技术部门相对应的，是自然辩证法、唯物史观、数学哲学、系统论、认识论等哲学门类。

他说："连思维都不科学，哪还有什么科学？"

如今，我们不重视哲学教育已是大错特错，而把许多哲学范围的知识，当做思想政治课的内容更是错上加错。

钱学森的话，实在是一声响亮的警钟。

缺乏了科学性，教育就不太像教育了

我多次参加教育研讨会，感受到一个强烈的对比：西方教育工作者发言，或是国内专家介绍国外经验时，他们除了理念，更多谈的是数据、做法和实证。有个事例给我留下深刻印象：美国刚开发出一款游戏软件，帮助小学生学习四则运算。设计者在谈及自己为什么出这些题时，他说，根据脑科学研究，一个孩子完成异母通分时，大脑里要经过四个步骤，他所出的题便是按照这一研究成果而设计的。

与他们相比，中国教育工作者更偏好观念表达，"以学生为中心""自主学习""合作探究"，在很多发言人口中反复出现。听得多了，不免使人昏昏欲睡。即便谈到做法和措施，在回答"为什么这样做"时，部分教育工作者也往往是拿出"因为我们要以学生为中心"来解答。

这岂不怪哉？观念指导实践，然后再用这一观念来证明实践。这种"自证"，未免太缺乏说服力和科学性了！这也让我们倡导的各种观念，总是高高飘在天上，不容易落地生根。

一年多前，有单位发起"教师对新课改的评价"的网络调查。结果显示，教师对新课改的总体评价表示"很满意"的仅为33%，"满意"的为21.3%，即只有约1/4的教师表示满意。

原因可能很多，但新课程的可操作性差是原因之一。看看我们的各学科课程标准，薄薄的小册子，便涵盖了三年甚至六年的学习目标和标准。表述相对简单，在某种程度上意味着标准的笼统、简化和不全面。首都师范大学的邢红军教授曾指出，科学方法至今没有被纳入各学科课程标准，而且各学科课程标准还普遍存在以"科学探究能力"代替学科能力的做法。诸如"提出问题""猜想与假设""制订计划与设计实验""进行实验与证据收集""分析与论证""评估"

"交流与合作"等广为流传的"科学探究要素",其实只是科学探究的步骤罢了,并没有涉及能力的本质。

与我们简单的课程标准相比,西方发达国家的课程标准十分详细,注重课程标准的可测性、严谨性、清晰性和精确性,据统计,美国基础教育阶段各门主要学科的课程标准累计多达 200 多个,它们包含的次标准更是多达 3093 个。像公民和历史学科的次标准分别为 427 个和 407 个。丰富而具体的标准的缺失,是教育缺乏科学性的另一个表现:缺乏了科学性,教育就不太像教育了,教育也就无法赢得其他人的专业尊重。

我们的教育为什么会缺乏科学性?

20 世纪初,英国学者李约瑟提出了著名的"李约瑟难题":尽管中国古代对人类科技发展做出了很多重要贡献,但为什么近代科学和工业革命没有在近代的中国发生?对这个问题的讨论,一直非常热烈。但是我想,一个重要原因在于中国人所惯有的东方思维方式:中国古代有深刻的辩证思想,却未产生辩证逻辑;有判断,但没有系统论证,更没有由概念和推理组成的文本。简而言之,东方思维中缺少逻辑和实证的精神,而讲究逻辑和实证,正是当代科学思维的主要特征。

缺少了科学思维,近代科学没有在近代中国发生,导致了近代中国的落后;没有科学思维,还会使我们的教育陷入感性的经验主义的泥淖:在各种观点和口号"贴标签"式的指挥下,有多少一线教育工作者去探究过学习究竟是如何在大脑中发生的?有多少人钻研过学习心理的工作机制是什么?又有多少人分析过知识的类型?

这些问题回答不好,教育改革的花样再翻新,口号再嘹亮,也不会触及教育的核心,只能是"雨过地皮湿"而已。说到底,教育改革不仅需要一种形而上的呵护,而且需要科学理智主义的灯光。

所幸的是,一小部分先行者已经意识到了这个问题,在清华附小,他们研制了自己的语文、数学、英语《学科质量目标指南》。清华附小的校长窦桂梅说,研制《学科质量目标指南》的目的,就是对国家课程标准进行细化,不仅有知识标准,而且有能力标准,以此"在国家课程标准和教学实践之间,搭建一级级的上升台阶"。

对知识标准和能力标准的补充和细化，并非易事。清华附小在窦桂梅的带领下，整整花了10年时间！

我钦佩他们用科学思维办教育的勇气，更希望能由国家层面做这件事情。从课程标准的科学性出发，让科学思维慢慢扎根在所有教育者心中，让教育回归"既是艺术，也是一门科学"的本真状态。

完备的制度≠教育的改变

教育领域综合改革的目的之一，是要形成一整套更加成熟、更加稳定的制度。可是，一套完备的制度就必然能彻底改变教育的面貌吗？

中国政法大学教授王人博曾参与特长生加分考试评审工作。考生里，一个来自山西的孩子让他印象深刻，当时，有教授问了他一个有关强拆的案例，让他谈谈看法。结果男孩讲道：之所以闹这么大，就说明政府还不够强硬，太软弱。当时，王人博忍不住开导他："孩子啊，你不能这样看，咱们都是普通人，但政府是个强者……"没等他说完，男孩子抢话道："老师，能允许我用另一套话来说吗？"

"我觉得特别悲哀，年轻人完全没有原则，老师认同哪一套就讲哪一套，只要能加上那20分。"大致算来，让王人博感到"悲哀"的这位学生，应该是比较完整地接受了十年课改的那一批学生。

为什么在这些学生身上，我们看不到教育改革梦寐以求的独立个性、自由思想？过去十年，有关课改的各项制度（如选修课制、学分制、综合评价制）不断建立，我们以为，通过制度带动教学方式、学校文化、师生关系等方面的改变，就能培养出一代新型人才。

十年里，小组合作、多元评价渐渐蔚然成风，选修课让学生有了选择的权利，知识的传递更加高效，学生的表达、合作能力更加提升。但是，为什么离理想的教育还是有差距？关键是教育的精神内核，并没有随着制度的改变而改变。教育的精神内核从何而来？从局长、校长、教师的教育理念而来。

也许有人会说，自主合作探究不是教育理念吗？但事实上，它们更多的是一种教育教学的原则或程序。就逻辑关系而言，教育教学技术(如导学案、小组学习)是根据原则设计的,原则是根据原理或理念提出的。事实上,在自主合作探究的背后,有更上位的教育理念,而理念的核心,则是"那些终极的、最高贵的价值"(马克斯·韦伯)。

我们的教育正是缺少了"那些终极的、最高贵的价值"追求。其中两点最重要:一是挑战权威;二是宽容。

即便到了现代,中国社会仍然保留着对权威的尊重和服从。校长、教师所做的一切,不是为了教育的长远,而是为了让"领导放心";学生所做的一切,不是为了追求真理和自身的发展,而是为了得到校长和教师的认可、获得更好的分数和成绩。在这种风气之下,给学生再多的选择自由、再多的学习自主,最终得到的也只能是"划一"和"整齐"。

在国际 PISA 测试中,美国学生的成绩并不靠前,但当代许多大的创新都出自美国。原因何在?就在于美国教育中深藏着"挑战权威"的基因。台湾历史学家许倬云有一位印度朋友在美国任教。一次,这位印度人被学生问得无言以对,情急之中,说:"我是印度人,印度事我当然比你们知道得多。"此言一出,举座哗然。有学生站起来说:"老师,我们佩服你的勇气。但请你注意,我们只接受理论和证据,不接受任何人的权威判断。"

与他们相比,我们对权威的尊重,尽管可以很好地维持秩序,但同时也瘫痪掉了那些对旧规则、老观点的质疑。试想,如果一个孩子因为从众和融入群体而得到了奖励,他怎么会再去与众不同地冒险、探索新天地?我们培养创新人才、杰出人才的教育理想,又怎么可能实现?

和挑战权威相伴的,是宽容。

学者胡适曾说,宽容比自由更重要。我们说自由的时候,说的是一种制度。当我们说宽容的时候,说的是一种文化,或者说是价值追求。制度不建立在相应的文化基础和价值理念上,那再好的制度也"不过是一件借来的外套,一种暂时的伪装"。

应该说,目前教育改革所构建的一系列制度,目的之一就是让学生能够自由发展,但缺少宽容的基础,这种自由就是一种"浅自由",或者说是"伪自由":形式上是自由的,但精神是不自由的;过程看似是自由的,但结果是不自由的。

2013年,上海市中考的作文题是《今天,我想说说心里话》。考试当天,有记者在考场外采访,一位学生说:"如果真说心里话,一定考不好。"为什么会有这样的担忧?因为一旦真说心里话,就很可能是与评卷标准不符的"异质思维",而对"异质思维",我们向来缺乏宽容。

记得几年前,耶鲁大学校长莱文在英国皇家学会高等教育政策研究所发表讲话时曾谈到,到目前为止,印度至少在一个方面比中国具有优势,这就是教师和学生在选择研究课题、表达和检验一些比较异端想法的自由度上更大。他强调,这种自由度是创建当今世界一流大学所不可或缺的重要元素。

其实,从更广泛的意义上讲,自由度及其背后的宽容,又何尝不是整个教育事业发展的衡量标尺呢?只有在宽容的文化氛围里,我们才可能形成充满活力的"思想市场":师生可以大胆挑战权威、可以从容表达自己的思考,各种观点、价值相互冲撞,相互融合,让整个教育呈现出一种生机。

教育的"盲点"

如今,信息技术让世界变得平坦,地球上的各个知识中心开始统一到全球网络中,知识不再是少数精英掌握的机密;思维方式的培养,为世界各国所共同重视,有利于创新的交叉学科总是吸引大批人才。

然而,为什么在知识和思维的差距逐步缩小的时候,我们还是培养不出有重大成就的人才?我们的教育还缺少了什么?

一位学者在回忆自己接受的中学教育时,非常遗憾地说,课堂"从来没有引起我心灵的震动"。

他说到了我们教育的一个"盲点"。

如今,我们的教育总是过于关注学生的知识掌握程度,关注学生的行为是否合乎规范,却极大地忽略了学生的内在情感和信念是否发生了改变。

在缺少了情感参与的教育教学中,"学生的光滑的头脑可以像一面镜子似地,把教师给他们看的东西都反映出来,但没有留下印象。"(卢梭)此时,学生获得的知识就只能是一种"脆弱的知识"。

一位高中教师曾经做过一个小试验。一次寒假,他的刚升入大学的学生来看他。老师拿出一套试卷,请这些以高分考上名校的大学生做一做。结果出来之后,让他感到惊讶的是,没有一个人及格!这些学生花了十多年学习的知识,竟然在高考后短短几个月,就忘得一干二净!原因很简单,因为高考过去,这些知识再也没有用了。

故事虽小,但振聋发聩:当知识只是作为"知识",当方法只是作为"方法"时,学生所获得的,就只能是种种可资利用的工具或"敲门砖",他们无法体会到知识的美好,也就无法在美好的、正面的情感的影响下,去毫无功利心地、全身心地投入到知识的世界里，也就无法做成大学问，达到大境界。

当代数学家丘成桐，说起自己花了二三十年工夫去解决的"庞加莱猜想"时，不住口地称赞，说它"太优美、太重要了，我们没办法来抵抗它的魅力。就像我们年轻时，喜欢漂亮的女孩子一样"。对他来说，"庞加莱猜想"不是冷冰冰的知识，而是一直拨动他情感之弦的有生命的东西。

此刻，知识的获得与方法的思考，紧紧地和情感的激发融合在一起，从而迸发出无穷的力量。尽管在一些教育者看来，就传授知识而言，情感毫无用处，但它却暗含着大用；对于提高教学效率来说，情感看似无效，但它却有着放眼长远的大效率。

一位高中特级化学老师介绍自己的经验时说，她很喜欢引用各种课外的资料来上课，但不管用什么资料，她都有一个标准，一定是把最美好的东西给学生看。

她的学生都很喜欢她的课。他们说："老师把自己学科中最美的东西教给了我们，在她的课堂上，我们体验到了优美的崇高和精致的喜悦。"

在学生们看来，听她的课，获得的不仅仅是知识，而是一次次宝贵的人生经历。

她的很多学生也因此把化学作为自己终身从事的职业方向。她对学生说："将来恐怕不好找工作。"可学生说："化学太美了，我舍不得离开。"

听过她的课，很多人发现，其实这位老师从来没有特意对资料进行过道德的拔高或解读，她只是以资料本身所具有的情感力量作为教育的因素，而最终以"无形胜有形"的方式实现了三维目标中的"情感态度价值观"。

可见，在教育教学的世界里，情感有其独立的价值，并不是知识或技能、德育或思维的附庸。哈佛学者黄万盛曾说：最精致的学问，不管你是否自觉，它终究是有社会人文责任的。离开了人文学的基础培养，仅仅依靠专业化，精致博大的学问从何而来？人类的公共智慧又从何而来？

但很多时候，我们往往把情感简单地等同于兴趣和爱好，并把它们视为获取知识和技能的手段，这是极其狭隘的。当一个人在学习和研究中，面临一个接一个的困难和挫折时，兴趣和爱好会逐渐湮灭，唯有一个人对学问和世界真正的爱才能持久。所以，英国教育学者麦克·马兰慎重地提醒教师："以兴趣为中心的教学模式对于课堂不可或缺，但其本身并不能完全解决问题，如果应用不当还会引起严重问题。"丘成桐在谈到自己的成长之路时，也没有提到兴趣，而是说"你要修养自己的感情……这是学有所成最重要的条件"。

更多时候，我们还习惯于从道德的层面去狭义地理解和认知情感教育，这是极其片面的。情感教育，不是让学生去知道情感，而是要让学生在知识的获得、思维的养成以及德性的培育过程中，去感受各种情感的高峰，去经历各种心灵的变化，从而让知识、思维和德性在情感的触发下，真正地内化于心。

情感是知识和能力的融合剂，也是善好德性的助燃剂。从这个意义上说，教育的大厦是建基在人的丰富情感世界之上的：学生的情感世界，既是教育教学法研究的对象，也是教育教学的主要动力。每一次教学，每一次育人，会激发起受教育者什么样的情感？目的又该如何达到？确实需要教育者好好地思考。

《中小学班主任工作规定》在2009年出台时引发了热议。原因就是其中第十六条明确指出："班主任有采取适当方式对学生进行批评教育的权利。"在新一轮课程改革中，我们曾把批评视为解放学生个性、培养学生自信心的"杀手锏"，而对其教育意义予以贬低。

但是否有人想过：批评作为惩罚方式的一种，其目的不在于压制，也不在于恐吓，而在于维护良知，在于让学生产生对正当规范的敬畏之情？

如今，过度的保护和溺爱，让一部分学生"无所畏惧"，不怕家长、不怕教师、不怕纪律……不是有新闻曾经报道说，几个少年为了寻找刺激，就去暴打一位避雨的妇女吗？也许，我们对一个陌生人说不上"爱"，但我们可以对陌生人的生命心怀"敬畏"，而且必须对庄严的纪律和法律心怀"敬畏"。一个心中没有敬畏的人，也就没有了自我约束和自我管理；一个没有了敬畏的社会，也就没有了存在的底线，无法维持。

我们的教育，需要给学生一个完整的情感世界：既有爱的上线，也有敬畏的底线。试想：一个没有体会过敬畏的人，怎么会对生命和道德保持敬畏？一个没有感受过对丑陋和渺小的厌恶的人，又怎么会对不良现象产生深深的抵触？一个从来没有被美震撼过的人，又怎么会对生活和知识充满发自内心的热爱？缺失了完整情感世界的人，只能是一个残缺的人；而缺失了情感的教育，也只能是一个根基不稳的"空中楼阁"。

然而，情感教育太容易被忽视了，因为它无法评价，无法考核。但我们必须知道，当我们眼里只有可考核的知识时，学生就从一个"人"变成了一种工具，而当我们带着工具理性的冷冰冰的眼镜去考量教育时，教育的大多数问题，也就从此而生了。

面对教育的潮流，跟从？扬弃？

著名学者王元化先生认为，潮流不都是趋向光明和进步的。我很赞成。

近年来，奥林匹克学科竞赛大受学校和社会的欢迎，以为这是发现、培养拔尖学生的途径之一，学校也常常以学生获得了多少奖牌为荣。

就在这股风潮中，出现了这样一个小插曲：一位学生从小学开始，就被家长逼着做了上万道数学题。获得数学奥林匹克奖后，他发誓：从此再也不碰数学了！

想想看，数学奥林匹克奖本为提倡青少年爱数学、学数学，可身不由己被卷进这股风潮的学生，竟"发誓从此再也不碰数学了"。这样的潮流，是好还是坏？

只是，有多少学校、有多少教师，能抵挡得住潮流的诱惑呢？

我们常常看到的是，对一个口号，不假思索地跟从；对一个理念，不加扬弃地肯定。

提倡"我的课堂我做主"，于是不加区分地让所有孩子对所有内容都"自主"学习。只是有没有人想过，这种做法背后的建构主义理论，也许是指整个人类，而不是单个儿童在建构知识呢？

提倡"减轻学生课业负担"，于是出台种种可见的标准：书包的重量、作业时间的长短，以此作为减轻负担的措施。只是有没有人想过，负担更多是一种主观感受，而不是一个可以量化的数字呢？如果一个儿童对某一学科感兴趣，连续学上几小时也不觉得累，那是负担重还是负担轻呢？

提倡"愉快教育"，于是课堂上忙于热闹的讨论、活动的开展，似乎学生学得开心，教师也教得开心。只是有没有人想过，课堂过分追求激动人心的东西，会使儿童过度兴奋，反而无法进行深入思考呢？教育学意义上的"愉快"，是否应该是学生通过紧张的脑力劳动克服困难后感到的愉快呢？

作为教育者，我们不能不假思索地相信某种东西。我们需要有一种眼光，有一种高度，将整个教育世界融入自己的胸怀，而不是蜷缩在教育世界某个狭小的角落里，对他人的口号和理念进行神祇般的膜拜。

那应该是什么样的眼光和高度？

我想，也许可以用"哲学"来概括。也就是说，我们对教育中的任何问题，都要学会作一些形而上的思考和叩问。毕竟，教育的问题说到底是人的问题。而哲学，则是关于人的最高学问。

北京师范大学肖川教授曾说，在教育领域中，即使看上去只是一个操作性的问题，如果你不断追问，最后都将成为一个哲学问题。

在这个意义上，教育学是哲学的一支。

只有那些拥有了哲学眼光的教育者，才能逐渐养成"整体联系，亦此亦彼"的思维方式，而不是用简单的"二元对立"去思考教育的问题。

但在现实中，我们太容易陷入"二元对立"的泥沼里不能自拔，将新与旧、善与恶等等，看做是两个性质相对的组成，认为它们一正一反相斗，构成进步的唯一途径。比如说，认为应该用全部让学生自学的"新理念"，去对抗讲授法的"旧理念"；或是用愉快，去完全替代学习中克服困难的艰难，从而达成教育的进步。

可事实上，这种以为新的必然是好的，旧的必然被淘汰的思维方式，不过是一种庸俗的进化论罢了。正反之间，本不是截然对立的两面，它们相互包容，相互创生。《礼记·大学》中说："苟日新，日日新，又日新。"这里的"新"，就是一种"无断限之新"，新中包含了同旧相融合的内容——这就是"整体联系，亦此亦彼"的思维方式。

一旦有了这种思维方式，我们就会在很多自己过去没意识到的地方，看出一个教育的"新世界"来。

近年来，成人社会对儿童世界的影响，是一个热门的教育话题。在我们的教育语境中，成人社会往往与儿童世界对立。在众多教师的叙述中，成人社会甚至成为了"扼杀"儿童世界的无形之手。

可是否有人细想过，成人社会与儿童世界并非"非此即彼"的关系？

这是因为，在每一个成人心里，都有一个未长大的孩子；在每一个儿童身上，都有一颗成年人的种子。

作为教育者，我们只有唤醒了自己心里"未长大的孩子"，才能与儿童进行真正的对话和交流；作为受教育者，儿童的成长，最终还要落脚于"那颗种子"的健康生长。这种相互交融的成人与儿童观，是否比二元对立更准确呢？

千年之前，孔子就说过："教学相长。"这话形象地解释了相互融合的成人社会与儿童世界。在这里，"师"与"生"不再是天然的身份对立关系，而是相互包容，相互促进，甚至在有的时候，还可以角色互换。

这种古老的哲学智慧，到现在，都没有失去她的意义。新课改进行到今天，一部分教育者已经认识到，要建立起师生学习共同体。叶澜教授提出，师与生是教育活动的复合主体，而不是平行的双主体——在教育教学中，师与生都处于主体地位，就其相互关系来说，他们互为主客体，互为存在的条件，师生的活动是密切联系、相互影响、共时交织、或前后相干的。

原来，真正的智慧之道，从古至今，一以贯之。

教育：让思考力生长

有人批判这个教育已简单化为社会规训的年代："父母希望孩子听话服从，老师希望学生回答正确，孩子的思考力从何而来？"

记得高中学习一篇课文课时，老师问某句话的含义是什么。很多同学站起来回答，并说出了自己的理由。但老师一直都说答案错了。折腾了一节课，最后老师拿起教参，对着全班同学念出了标准答案。

尽管当时我就认为，老师对标准答案的解释并不能说服我。但是，我仍然接受了它。因为，在标准答案前，我不必深加思考，而我的思维也随之标准化了。

这种追求标准的教育生活，与真实的世界和人性相比，往往过于单一，仿佛白昼黑夜一样非此即彼，完全忽略了教育的难度，这种困难，一方面，来自大千世界的纷繁；另一方面，来自教育对人性、对生命、对心智的完全责任。忽略了难度的教育，便于进行社会规训，无法实现受教育者内心精神的主动成长，更无益于独立思考能力的培养。

在这样的教育生活里，受教育者逐渐习惯了用别人的眼睛替代自己的眼睛、让别人的大脑替代自己的大脑、把别人的思想当作了自己的思想。这样的教育，只能是一种"寄生的教育"，无法培养出学生完整的品行和健全的大脑。

因此，我们需要一所愿意开放的学校，它能帮助学生跳出狭小的天地而进入领域广阔的生活世界。在这样的学校里，学生能够调动自己的感官与知觉，认识到社会的多样、价值观的多元以及人性的无限可能。这些纷繁的现实，将激发学生运用自己的思考力做出判断，而不宜以教师的讲解为理解生活的唯一角度，也不以教材为认识世界的唯一标杆。

不要担心学生在面对真实世界时会彷徨、会迷失了方向。诗人雪莱说过:"如果你过分的珍爱自己的羽毛,不使他们受一点损伤,那么你将失去两只翅膀,永远不能凌空飞翔。"我们也不应过分呵护学生,让他们在远离现实的教育生活里生长,否则,学生的思考力将失去土壤,他们向上的道路就不会延伸得太长。

但是这样的学校不能成为现实社会的移植和照搬。这一点,应同意杜威的观点:成人的社会过于复杂,学校须是简化的社会;成人的社会是庞杂的,学校须是经过组织而条理化的;成人的社会是良莠不齐的,学校须是经过过滤和优选的。我们不能因片面地尊重儿童而抹杀社会,也不能因片面地承认社会的教育意义而放任教育。

我们需要善于思考的教师,他们能够以自己生活的广度和学习的深度,带领学生学会思考。要知道,把学生培养成什么样的人,往往不在于教师命令学生做了什么,而在于教师本身是什么样的人。"学生的脑力劳动是教师的脑力劳动的一面镜子。"(《给教师的一百条建议》)如果教师的思考力就已羸弱,我们便不能指望他的学生拥有强大的思考力。

因此,当教师面对教学文本的时候,除了对学生传授知识、培养价值观外,还可以进一步思考:一是从不普通的事件、人物中发现具有普遍价值的东西,如学习《狼牙山五壮士》,我们不能只看到对敌人的仇恨,更要看到战士身上那种历久弥新的爱国之心和英雄之气。二是要学会把事件还原到历史,从普通人不普通的命运中,看出真实的历史、社会与人性,如对杨荫榆的更为全面的解读。看起来,教师似乎离开了既定的知识传授,在做无用功。但往往就是教师的一点半点思索,成为帮助学生开启思考之门的钥匙。

我们还需要直达心智与头脑的教学。这样的教学,不是没有灵魂的认知结果的堆积,不是低层次的表象的热闹,而是吸引学生理智和心灵的过程。思考,是一种艰巨的、异常复杂的、有时甚至是一种痛苦的劳动,但这样的痛苦,正是培养学生思考力的强大的教育力量。一个学生如果没有经历过痛苦的思考,并从思考过的地方生长出自己的思想来,那么他就不能真正体会到受教育的快乐。一旦我们只关注学生在学习中的轻松感和单纯的心灵愉悦，久而久之，学生的思考力便会被这种所谓的快乐教育所磨钝，再也没有力气去探看复杂的世界。

怀特海曾经感叹："在古代学校里，哲学家们渴望传授的是智慧，而在现代学校里，我们降低了目标，教授的是学科。"然而，即使在学科的教授中，我们依然可以引领学生思考，让他们在思考中涵养自身的智慧。

曾看到一份美国中学关于南北战争的作业：①你是否同意林肯总统关于美国不能存活除非它全部解放或全部奴役的声明？并给出解释。②为什么北方的白人反对奴隶制，南方的白人拥护奴隶制，但他们都感觉是在为自由而战？③内战期间，女人开始从事很多以前男人的工作。你能对由于内战造成的社会、经济和政治冲突的问题作出怎样的概括？④构造一个争论，运用历史证据来支持或反对下面的观点：美国内战是地区差别不可避免的结果。

这样的作业即是对思考力的引领。完成它，需要学生广泛收集资料，需要学生脱离事实片段的研究，需要学生站在不同利益群体的立场上思考问题，需要学生不再陈述事实，而是表达观点。这样的作业背后，是一种彻底的教育态度：不能让别人的思考代替了学生的思想，不能让学生失去了对世界进行正确审视的能力。

美国哲学家安兰德在《理性的声音》中写道："有智慧的人的最高道义责任便是保持其健全的大脑和完整的自尊。"其实有智慧的教育者亦如是。

第三章 如何把教育作成"艺术"

第三章 如何把握新闻

不动脑筋的学校"留不住"学生

在我国教育史上,有一所中学占据着特别的地位:天津市南开中学。在办学史上,南开中学培养出了共和国的两位总理。

很多参观过南开校园的人,都会感受到南开中学有一种与众不同的气质:学生大都沉稳而内敛,校园里,他们或拿一本书在走廊里静静地阅读,或是在篮球场上奋力地拼抢。住过新中国两位总理的宿舍,青砖、绿檐、红窗,静谧得仿佛一瞬间穿越了百年时光。

有人评价:南开中学办学的成功,绝非偶然。因为学校的鲜明特色,已经为学生个性打下了一生的底色。学校的校训"允公允能,日新月异",既是学校育人的宗旨,又是学校特色的宣言。这八个字,清晰而又深刻地影响了一代代学生,从而具有了一种特殊的魅力和价值。

美国诗人惠特曼有一首诗《有一个孩子向前走去》:
"有一个孩子每天向前走去,
他看见最初的东西,他就变成那个东西,
那东西也就成了他的一部分
……
如果是早开的紫丁香,
那么它就会变成这个孩子的一部分;
如果是杂乱的野草,那么它也会变成,
这个孩子的一部分
……
同样是长大,那会多么不一样!"

惠特曼讲的是儿童的千姿百态,来源于成长中遇见的精神资源的千姿百态。其实,学校不也正是儿童在成长过程中,不断相遇的精神资源吗?任何孩子长大后,都会或多或少留下学校的精神烙印。

但如今，走进很多学校，它们的校训总是让人心生感慨：校长和老师们的词汇以及想象力，实在是太过贫乏。说来说去，就那么几个词。记得已故北大中文系教授、著名小说家吴组缃先生曾说过，宁愿被人说成是"司机"而不是"人"，因为，前者虽不准确，但还努力在抓特点，后者则几乎是不动脑筋。

一个"不动脑筋"去抓住特色的学校，怎么能给学生留下一生的印记？

有一位校长曾经很诚恳地请教：学校是薄弱校，未来该怎么发展？这所学校有一个特长项目，就是体育抓得挺好。于是专家建议他，薄弱学校要想快速站起来，恐怕得走特色学校的发展路子。

校长一脸迷茫。也许在他看来，专家应该有更为立竿见影的妙招，或者是一招制胜的教学方法，以便让学校的成绩在短时间内大幅提高。

但这种忽略了学校的本土资源、总把眼光放在外面的做法，其发展的可持续性实在值得怀疑。君不见，有的学校引入一种教学方法，热闹几年过后，或由于领导的更替，或由于方法创始人的不继续等原因，便逐渐冷清下去。

学校的发展，只能而且必须"基于学校"。

其实早在1993年颁布的《中国教育改革和发展纲要》里，已经提出中小学校要"办出各自的特色"。但直到现在，"千校一面"的问题仍未解决。原因何在？就在于学校的同质化竞争，即所有学校都是朝向分数的竞争。在这个大背景下，几乎所有学校的产品——课程，都呈现出整齐划一的态势。

如今，新一轮课程改革提出了三级课程管理制度，新高考鼓励学校为学生提供多种可选择的课程。在这个过程中，很多学校开始梳理自己有哪些可资利用的资源，而这正是学校寻找自己个性特色的起点。

意识到这一点的校长，就能在改革中走到前面。比如，大家熟悉的北京十一学校，为每一位学生提供一张与众不同的"课程表"，从而成为全国的知名改革校。

也许有人会说，北京十一学校本身条件好、资源多，所以能办出这样的特色，这对普通中小学适用吗？浙江省杭州市长河高级中学，原本是一所普通的农村中学。但校长敏感地意识到，现代学生"重物质，轻精神"。于是他们在浙江省第一个创办"宏志班"，让贫困地区的孩子到学校就读，用他们的行为影响城市孩子。而且他们还规定：凡城市家庭的孩子，在高中三年一定要利用假期，到宏志生家里生活两星期。他们想让这些从小娇生惯养的学生知道，宏志生的精神是从哪里来的，我们中国的农村到底是怎么样的？

这位校长强烈的社会关注和问题意识，让他把学校的特色定位为"通过实践活动，培养学生的社会责任感"。这一特色，使学校在短短的几年时间里便声名鹊起。

此时，长河高级中学寻找学校特色的过程，就是一个学校自我发现的过程。它让学校充分地认识自己，从而成为一个自觉的改革参与者，而不是一个盲目的生存者。

此时，真正撬起整个长河高级中学特色的，不是外部力量的介入，而是学校的自我和自我承担。一个有志于办出特色的学校，从来不会把问题归咎于历史、环境，而总是将思考指向自身的精神构成。

说到底，特色学校的建设过程就是通过建设有特色的载体，从而去影响学生精神和学校文化的过程。

就拿前面那位校长来说，与其向外部寻求帮助，不如回过头来"扎根"学校：既然体育已经是一个特点，为什么不从中提炼出学校的特色？体育中有能影响人精神的东西，比如，"合作"与"竞争"，那么，学校就可以立项全员参与的课题，研究"如何让学生在学习中实现合作与竞争"、"如何在教师队伍里实现合作与竞争"、"如何在学校管理中实现合作与竞争"等一系列子课题。这个研究的过程，就是一个把学校自身的历史和现实汇聚成创造自我的"资源"的过程，就是一个挖掘自我，并活出自我色彩的过程。

在那些活出了自我色彩的学校里，他们的校长往往是具有实践理性的理想主义者。他们一边往下看，看特色是不是从学校的土壤里生长出来，看特色的旗帜有没有插稳；一边抬头往上看，看理想主义的旗帜是不是依然在飘扬。

现在,很多教育者不愿意谈"理想主义",以为它不过是凌空蹈虚、脱离实际。但事实上,理想主义者的主要特点,并不在于他们空有理想,而是在于其高扬的理想背后,有他们独立的思考能力,有他们对自己主张的执守,还有饱满的热情和精神。

很多时候,学校办不出特色,原因就在于教育者思考的软弱和对主张的放弃上。一旦思考缺乏了穿透历史和现实的力度,学校特色也就随之失去了深刻性和独到性。

只是,教育生活本身平凡。我们如何才能保持思考的力度,创造出有生命力的特色?

美国作家梭罗在其名著《瓦尔登湖》中,描写了一种"黎明感觉"。那是什么样的感觉?每天早上睁开眼睛,就意味着获得了一次新生,生命开始了新的一天,就有了黎明的感觉:一切对你来说都是新鲜的,你用新奇的眼光和心态去重新发现,重新开始。

校长有了这样的状态,学校才会有丰富的可能性:每天的学校,都是新奇的;每天的教育,都是新鲜的。如果校长有了这样的状态,他才能一直保持初次的眼光和心态,去倾听,去发现,去思考,从而在平凡琐碎的教育生活中发现特色的潜力。

理想的学校，不应该有任何一个毫无个性的学生

一所理想的学校，不应该有任何一个毫无个性的学生。

然而，课程的统一要求，与尊重学生差异、发展学生个性之间存在着巨大的张力。这种张力，是一把锋利的"双刃剑"。掌握好它，学校可以呈现出自己的特色，学生的个性也能得以伸展；掌握不好，学校就极有可能湮没在日复一日的教育教学常规中。

现在看来，处理好这种张力的关键，在于课程体系的建设。

这方面，一部分有着教育理想的优秀学校做得比较好。像华东师大二附中的"课程超市"，光校本课程就有100多门。对其中的综合选修课，学校实行了"菜单式"的个别化课程管理模式，不限定选修的内容，部分课程还打破了年级界限，允许学生跨年级选修。

然而，建设一个理论上的课程体系相对容易，难的却是如何在现实的压力下坚持自己的教育理想。

曾有学生反映，因为综合会考不考世界史，于是他所在的学校理科班早早就停止了历史课。

社会风潮的影响下，教育的理想往往被随波逐流和急功近利所代替，成全学生的个性也就无从谈起：我们错把起点当成终点，一切的努力都是为了18岁的某一天；而社会也只用考试成绩而不是用个人成就来评价一个学生的价值，进而影响到社会对学校与教师的评价。这种评价方式扼杀了多少教师的信念和学生的将来！

然而，即使在这种情形下，仍然有极个别的执守者，给我们带来光明与希望。

南京金陵中学，一直注重学生的实践能力和创新精神的培养。根据学校特色开设的选修课和研究性学习课程，关照着不同学生的个性特征。

他们的学生王珂，在进入学校后，很快就在学校开设的研究性

课程中展露出自己电脑方面的天赋。兴趣所及，王珂几乎将日常学习以外的全部时间都花在了计算机上，先是成为了国内最年轻的微软认证专家，后又开发出价值百万的软件。

毕业时，王珂没有和同龄人一样参加高考，拒绝了国外大学的全额奖学金，走上了创业之路。

这样的学生，在现行的评价体系中，并不能给学校"增光添彩"。他们没有拿到高考的高分，也没有成为学校升学率的一部分，然而，我们能说，金陵中学对他的教育是失败的吗？

教育所处理的是人，不是没有生命的物质。教育是一种唤起好奇心、判断力和把握复杂情境的能力，教育者必须学会如何运用理论去洞察特殊事例。

金陵中学校长说，与分数和升学率相比，他们还看重学生的能力和将来，"应该让个性鲜明、特长突出的学生和发展均衡全面的学生一样有机会"。所以，当王珂沉迷于电脑时，金陵中学为他提供各种条件，当王珂决定不参加高考时，金陵中学尊重了他的选择。

正是洞察了学生身上的特殊之处，才成全了学生的个性人生。

此时，教育是我们给予学生的一份人生的礼物，而不是沉重的负担。

为成全每一个富有个性的人的发展，我们还必须牢记：要给学生以自由生长的时间和空间。

一旦学生的时空被各种功课塞得满满的，那留给他思考的时间和精力就越少，负担过重、学业落后的可能性就会越大。美国学者斯腾伯格认为："过多的知识可能阻碍思考，使个体无法挣脱固有的思维的樊篱，结果导致个体成为自己已有知识的奴隶而非主人。"人的大脑一旦被学科知识夯得太实，就好像把大脑塞满一样，难有自由转动的空间。

有节制，才有效率。

这，就是教育的逻辑。

自由需要闲暇。但闲暇不是让教育者放弃自己的责任。

在《麦田守望者》里，美国作家塞林格想象了这样一个场景，隐喻自己对教育的理解：

"有那么一群小孩子在一大块麦田里做游戏。几千几万个小孩子，附近没有一个人——没有一个大人，我是说——除了我。我呢，就站在那悬崖边上。我的职务是在那儿守望，要是有哪个孩子往悬崖边奔来，我就把他捉住——我是说孩子们都在狂奔，也不知道自己是在往哪儿跑，我得从什么地方出来，把他们捉住。我整天就干这样的事。我只想当个麦田里的守望者。"

做一个守望者，意味着我们不打扰学生成长的规律，但我们还得用学识、人格魅力和精神力量去呵护、引领学生的成长。

让我们做教育世界的守望者吧，去守望学生的心灵，守望他们足可珍贵的个性。

有用的"模式",只能从学校内部生长

2012年高考前,湖北某市第一高级中学惊现"吊瓶高考预备班"。图片上,教室灯火通明,每张课桌上都堆满了书,教室半空拉上了铁丝,挂着很多吊瓶,不少学生正一边学习一边打吊瓶。

图片给人强烈的视觉冲击,带有深刻的隐喻意味:是学生生病了吗?不是!是中国教育生病了!

病在哪里?

不久前,某地推出了一个教学模式,盛邀笔者采访。在当地,笔者看到,该地所有学校都采用同一个由教育局推广的教学模式。走进教室,学生们分组而坐,进行导学案的自学。记者仔细看了看学生的导学案,发现上面的题目多是从教材上直接迁移过来的。"什么样的学案是好的学案?这样的学案真正是基于学生、为了学生吗?"笔者心里充满疑虑。

再走进另一间教室,学生分组站立,几乎是表演式地头碰头、肩挨肩地大声讨论着。教室里一片沸腾,笔者只听到一片噪声。在这样的环境里,学生要想思考是根本不可能的。

当地教育工作者很自豪。他们说,这一教学模式得到了省里的认可,有望在全省推广开来。

这个故事,是如今教育改革的一个缩影:在很多地方,对模式的推崇已达到了一个极端。很多教育局、学校都在寻求一个模式,期望能用它去解决教改中遇到的种种问题。

然而,一个模式真的可以包打天下吗?

美国著名教育史家和教育政策分析家戴安娜·拉维奇说:"在教育中没有捷径,没有乌托邦,没有毕其功于一役的终极武器,没有神话,也没有童话。学校的成功很难像生产线一样移植。"

与戴安娜·拉维奇的话相对应的是,新中国成立以来,教育界

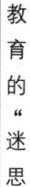

涌现出了那么多的教学方法、教学模式，有几个一直持续到现在并影响到整个教育界呢？

教育是一个"不确定系统"，它的改革没有单一答案；教育教学模式带有个体经验的色彩，其复制往往难以实现。顾明远教授曾有一个十分科学的判断：只有理论才具有普遍性，经验只有个性，特别是教育经验。他认为，作为一门社会学科，教育和自然科学不一样，自然科学强调可重复性，不能重复就不能叫科学。但是社会科学，特别是教育，是不可重复的，一堂课不可能照搬到另一堂课上来。

同样的老师，面对不同的教学内容、不同的学生，采取的方法都会不同。更何况拥有不同专业水准和个体经验、个性特色的老师，怎么能用一种模式解决全部问题呢？

与其说是模式，我更愿意提的是"教育教学的风格"，风格的主要内涵是具有一定特色的教育教学方法。

这是每位老师"跳一跳"就可以达到的境界，也是可以从学校内部、从教师身上"生长"起来的参天大树。

在山东省临沂第二十中学，校长鼓励每一位教师去探索符合自身特色的教育教学方法。于是，这所学校有的教师重组教材，有的教师让学生大量阅读，有的教师以动手探究为主……

让人印象深刻的是一位普通的语文老师。她工作仅5年，喜爱文学，写得一手漂亮文章，但语言表达能力很弱。于是，这位老师根据自身特点，和学生一道在课堂上默读世界经典，如有感触，学生就随手写下，不论长短，只需真挚。而她与学生的对话，常常发生在她对学生心得体会的批注里。

这样的课堂，没有导学案，没有小组合作，没有一切可称之为"模式"的东西。这样的课堂，当然也无法去参加优质课评选。然而，这却是最符合这位教师的教学方法。她所教的班级，连续两届都取得了非常好的成绩。

这位校长倡导："学校要给教师绝对的自由。"他把"自由"分解成教师拥有的几个权利，分别是教师有改变教学进度的权利，有删减整合教材的权利，有建设自己知识产权的案例集和教辅资料的权利，有在适当的教育时机选择自己教育空间的权利，还有在必要的保障之下选择让学校服务的权利。

"自由"，意味着把改革的主动权还给校长和老师，让改革的重心下沉。改革需要多元主体参与、多层次改革同步推进，需要调动每一位基层教育工作者内在的积极性。

"自由"，意味着对单一模式的反抗。单一模式的可怕之处在于变成"机械化教程"，划一的模式让教师的独立思考都没有了，又怎么会培养出个性独特的学生？

"自由"，更是对"方法的专制"的反对。方法要为研究目的服务，也就是说，问题的性质决定教育教学的方法。这不是什么了不起的见解，而是基本常识。问题是，当基本常识遭遇权力的傲慢时，却常常不战而退。

如今在基础教育界，出现了"用极端的语言搞教改，用炒作的方式捧典型"的现象，一方面原因在于改革权掌握在少数人手里；另一方面原因也在于我们对教育改革本身的误解。

改革本是一个手段，我们却把它当成了内容和目的本身；改革的动力本是排解旧障碍，现在却是为了贯彻新路线；改革的目的本是为了完善，现在却是为了标新立异，脱颖而出。"在教育发展过程中，教育改革不仅成为教育发展的主旋律与核心路径，甚至成为教育存在的形式与内容。急风暴雨般的教育改革运动高潮迭起，此起彼伏，使学校教育始终处于改革状态。"

换一任校长换一个办学理念，换一届领导换一个教育模式，急于求成，朝令夕改，便是这种"改革焦虑综合征"的表现之一。

然而，教育发展改革自有其内在逻辑，并不会因外在因素的影响而彻底改变。

如果我们把眼光放长远点，可以发现，近年来为什么教育界会出现一股"民国热"？

认真梳理，目前教育改革中提及的自主管理、做中学、让教育回归生活等都可以在民国教育的改革实验中找到源头或影子，从内在逻辑来说，当下的改革即是把断掉的东西连接起来的一种努力。所以，才会有人说，许多改革虽然"新"字带头，但与其说是创新，不如说是回归，不如说是坚守。

学会了站在历史长河中来看当下的改革，也许我们会多一些沉着，少一些浮躁，不会以为改革就是打倒一个旧世界建设一个新世界那般简单和决绝。

面对改革，有两个关键词一定不能放弃："自由"和"坚守"。前者是对一线改革主体的尊重和激发，后者是对教育规律和教育本质的把握和遵循。从二者中生长出来的"教育内部的力量"，将是推动改革前进的不可忽视的动力之源。

如何把教育作成"艺术"

教育理想的状态是,所有的生命各美其美,美美与共。每个学生的爱好和不同之处,都能在教育中得到承认和尊重。

这需要科学的制度设计。

很多学校从设计课程着手,尤其是重视特色课程的建设。

但是,如今的课程系统对节数和门数都规定得十分僵化。增加了,就是加重学生的负担,没有落实素质教育;减少了,也是不符合课时数的要求。

还有的学校试图通过"走班制"来达到目的。

然而,多年来以行政班为主要形式的班级授课制,与走班制之间的巨大冲突,让全学科、全员的走班制在学校的生存空间,仍然停留在一个"理想"的阶段。即使在试行新招考改革的浙江等省市,许多学校仍采取折中的方法,把高中学业水平考试几个科目(这些科目将与语数外共同组成高考总成绩)相近的学生组成一个行政班,然后在其他科目进行走班。

这不失为一种新的尝试,既考虑了我国长期以来利用行政班便于管理的优势,又为学生增加了教育的选择。但这样的做法,还是比较粗糙的。与过去的文理分班没有大的不同,只不过组合稍多而已。那么,除此之外,还有没有别的道路?

山东省潍坊市的一所初中,广文中学,摸索出了一套科学的"自主选班"模式。

学生进入广文后,会和父母一道,接受一次"考试"。

这是一次与众不同的考试,因为考试的内容和知识没有一点关系。学校请学生回答:"如果不考虑经济因素,你最想做的一件事是什么?"会问学生的父母:"你们的孩子,最好的朋友是谁?"等。

"我们的目的,是要在分数之外,去立体、深层次地了解学生。"广文校长说，这份精心设计的试卷，其实是在了解学生的成就动机、人际关系、期望值、焦虑感，等等。

很多父母在拿到广文提供给他们的分析结果时，目瞪口呆：学校竟然比自己还了解自己的孩子！

根据这份结果，广文会向学生推荐4种不同的班级：自主学习班、英语强化班、数学强化班和情态强化班。

其中有什么奥妙呢？

以3个孩子为例，如果他们数学成绩都是60分，却可能分别选择三个班：自主学习班、数学强化班和情态强化班。

进入自主学习班的孩子，自我成就的动机高，勇于探索，但有可能做题马虎，出现了分数不高的情况；同时，这类孩子往往习惯以自我为中心。

进入数学强化班的孩子，则是因为在小学时没有掌握数学的学习方法，对数学失去了兴趣。

进入情态强化班的孩子，自我成就的动机很弱，常常为他人的期望而学习；他们也是原来班级的"边缘人"，自卑、厌学是他们的常态。

"你们不怕别人说是分快慢班？"不止一次，有同行问广文老师。

他们不慌不忙，胸有成竹："过去的快慢班是什么？是给快班配最好的老师，就是把最优秀的教育资源给最优秀的学生，这损及了教育公平。"

"但我们的4种班级，是根据学生的情况，有针对性地配备老师：自主学习班的班主任，年轻有活力，愿意放手让学生自主探索，同时着重改变学生'自我中心'的倾向；数学强化班的班主任，是最好的数学老师，能帮助学生尽快掌握学习方法；而情态强化班的班主任，一定是最优秀的、有激情的班主任来担任，他们的责任最重，要培养学生的自信、自强。"

一言以蔽之，就是孩子们缺什么、需要什么，就给他配这方面最好的老师，让他们在基本素养方面得以"补短"，而在特长方面得以"扬长"。

这才是真正的、脱离了分数窠臼的因材施教！这才是真正的触及本质的教育公平！

　　只是，有多少学校能思考到这一点呢？现在很多地方实行的义务教育均衡编班，不过是数字游戏：把不同分数段的学生，平均分配到各个班级，各个班的老师也随机配备。

　　这种形式上的均衡，其实暗含着一个我们也许不愿意承认的、错误的学生观："我们把学生简化成一个个分数了。"

　　也许有人会说，这样编班后我们还可以进行分层教学、分层作业，也可以对某些学生进行针对性的教育啊。但是，在一线工作的教育者都知道，在一个四五十人的班上，实践的难度有多大，任务有多重。

　　教育是科学，它需要我们在每一个环节上都要有科学、严谨的设计和考量。

　　教育是艺术，而艺术的最核心部分，便是对每一个独特生命的深刻观照与提升。

　　马克思曾质问普鲁士当局："你们并不要求玫瑰和紫罗兰散发出同样的芳香，但你们为什么却要求世界上最丰富的东西——精神只能有一种形式呢？"其实，教育又何尝不是如此？

　　学有不同，学得其所，是教育的理想境界。

　　但我们不得不承认，目前基础教育的这种理想，正受到高考选拔标准的制约。

　　自主招生渐渐地有了第二次高考的架势。而北大的中学校长实名推荐，却因录取标准的模糊，演变成了外界诟病的"掐尖"之举。

　　让我们看看某外国语学校推荐一名女生上北大时的评语："外校才女初长成，隐隐已有大家气……是校园的一枝百合花。"高校弄不清楚自己该录取具有什么核心素质的学生，中学校长也只好大打太极，最后清晰的，就只剩下了分数。这种导向，对基础教育因材施教的影响不言而喻。

　　在英国著名的剑桥大学丘吉尔学院，他们制定录取学生的首要标准是"内驱力"。什么是内驱力？他们的招生主管说，内驱力就是"对科学的无限向往"。

　　不同的高校，就应该有不同的录取标准。而且，他们的录取标准，应该以素养和能力为核心，而不是紧盯着分数。因此，笔者建议，在我国的中小学生核心素养出台后，高校在录取学生时，可以结合自己学校的特色，选择出学校最为重视的核心素养，并在综合素质评价中侧重考查报考学生是否具备这些素养。

只有在正确的"指挥棒"的影响下，基础教育的目光才不会只放在分数上，而是放在不同人不同素养的培养上。

因为，因材施教说到底，是因循着素养之别来施教，而不是因循着分数之别。

唯有如此，学生才能感受到一个宽松、温馨、有安全感的、自然的环境。才能在这样的环境中最大限度地发挥自己的潜力和创造力。

避开制造"精神平庸者"的陷阱

邹承鲁院士是西南联大的毕业生，对生物化学非常有贡献。20世纪60年代，他参加发起了轰动一时的人工合成胰岛素工作。后来，记者采访他，问："为什么当时条件非常差，西南联大也不大，却培养出了那么多的人才？"他的回答非常简单，就是两个字：自由。

在当时的西南联大，无论学生干什么，都凭自己的兴趣，看什么，听什么，怎么想，都没有人干涉。因此，才成就了西南联大在中国教育史上的"传奇"。

好的教育，就应该如西南联大一样，能最大限度地允许人的自由。没有求知的自由，没有思想的自由，没有个性的发展，就没有个人的创造力，而个人的独创能力实际上才是真正的第一生产力。如果大家都只会念经、背经，开口都说一样的话，又如何出成果呢？

有人说，现在的学生自由很多，选择也很多。校园里几十个社团，上百门选修课，还不自由吗？可为什么我们还困惑于"钱学森之问"、还培养不出杰出人才？

问题的关键是，再多的选择自由，体现的也不过是学习领域的不同。

而自由的根本，却是精神的自由和表达的自由，是要使每个人"自由地生长，并启迪其自由的天性"，是要让每个人在自由中，"负起超越自身存在的责任"（雅斯贝尔斯：《什么是教育》）。

这样的自由，在当前教育中还很稀缺。

中部某省一所重点高中的学生，在一次期中考试时，以批判教育专制主义的口吻写了一篇作文，得到了25分（满分60分）以及力透纸背的四字评语："自毁前程！"

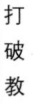

那是一篇什么样的作文呢？

"老师说的你不能反驳，不管他说的对不对，否则你便犯了'顶撞'之罪。"

"教育者们首先不允许古人有七情六欲，然后说，我知道，这句话表达了李白的放荡不羁，这句话表达了杜甫的忧国忧民，答别的不给分。"

班主任找到学生。据学生回忆："他说不改变思想就不要再进教室上课。他给的条件很苛刻：再也不能写这些东西，再不能给学校挑刺，不能讽刺学校、老师、政策……还要把爸妈请来，一起到年级主任办公室，一起教育你。"班主任还要求学生转班甚至转学。

于是，学生再没有进过教室。

面对学生的自由表达、独立见解，部分教育者选择了退缩和压制。尽管"独立思考，自由表达"从党和国家领导人的口中说了出来，前者还被写进了《教育规划纲要》，可现实中我们仍在大批量地制造着"精神平庸者"。

2.4%——这是上海学生第一次参加 PISA 测试夺冠后，我们不能忽视的一个数字。

PISA 将学生阅读素养分为 7 个精熟度等级，最高级为 6 级。OECD 认为，达到 6 级的学生将来在知识社会可胜任领袖级任务，达到 5 级的学生被看成是明日潜在的世界知识工人。上海学生中，有 17% 达到 5 级，但达到 6 级水平的仅占 2.4%。这说明，我们的学生在具有创新和决策水平的阅读素养高段竞争力上，并没有很大的优势。

这一现实，与 20 世纪英国首相撒切尔夫人的一句话，相互激荡。她说："你们根本不用担心中国，因为中国在未来几十年，甚至一百年内，无法给世界提供任何新思想。"

为什么？因为没有精神的自由和表达的自由，就没有批判；没有批判，就没有创造。

有国外学者发现，与欧洲和亚洲等国家相比，美国中小学生在参加数学、物理和其他科学或技术学科方面的国际测评时，成绩始终处于落后位置，然而，美国的创造活力却举世瞩目。尽管美国也招揽了不少其他国家最好的学生，但不可思议的是，到了高等教育阶段，原创性的和有价值的论文却多出自于美国学生之手。

原因何在？就在于美国教育对"学生的异端思想生成和突破性方法路径"的宽容和鼓励。

在西方历史上，有一幅著名的油画《雅典学派》。在画上，柏拉图和他的学生亚里士多德，边走边进行激烈的争论。他们的手势一上一下，表现了他们在思想上的原则性分歧。

在我国历史上，也有许多"孔子讲学图"。在这些画上，孔子总是居于高台或中心位置，学生们则凝神静气，倾听着老师的点拨。

看似同样的师生对话，却有着本质的不同。前者，师生之间是"我—你"的关系，后者却是"我—它"的关系。老师是把学生视为一个具有独立意识、能够自由表达的个人"你"，还是视作一个被简单对象化了的物件"它"？

偏好后者，我们可以很好地维持秩序，但同时也瘫痪掉了那些对旧规则、老观点的质疑。选择前者，我们才能以包容心对待学生的异质思维，才能达致"真理的敞亮和思想本身的实现"。

曾到一所小学采访，有位老师很有意思。为了鼓励学生自由表达，她有时会故意制造一些事件，鼓动学生去反对她。她对我说："我尊重每个人表达的权利，哪怕是反对我的观点。"

可是，有许多老师不敢轻易尝试，他们或许是发现，一旦给了学生自由，学生反倒不知所措，或是鼓励学生批判，他们却常常言不及义。

为什么会出现这种情况？

因为我们没有给学生足够的"工具"。要让学生真正达到自由，必须先让学生有自主学习和选择的能力；要让学生能够拥有批判性思维，必须让学生掌握批判的原则和程序。

如批判性思维，许多人以为就是"张口就问"。事实上，它的核心是有道理地问，培养最终的落脚点是逻辑推理能力和实证能力。也就是说，遇事要先有一个判断的过程，查证后再发问。有的学生连文章讲的是什么都不知道就开始批判，连生活常识都没有就乱提建议，这样的质疑和批判就变成了无理取闹，毫无意义。

教育的改革，从来就不是一件容易的事。

"文化建设热"结束了吗

我们承认，每所学校的文化都是不同的。如今，很多学校都喜欢给自己办学冠名为"××教育"。这表明了他们各自的文化追求。但是，在学校文化建设中，总有一些东西是永恒的、不变的，我们不能以强调特色来抹杀普遍的规律与价值。

首先，什么是"文化"？文化就是人的生存方式。学生在学校过一种什么样的生活，就意味着学校有什么样的文化。前几年，有这样一条骇人听闻的消息：安徽省某小学两位六年级学生喝毒药自杀，她们在黑板上写下遗言。一位学生写道："如果我死了，就怪数学老师，请警察叔叔将她抓走。"

两个六七岁的孩子，进了一所小学，经过五六年的教育熏陶，怎么会从天真无邪变成厌世轻生？在学校里，她们到底过的是一种什么样的生活？

七十多年前，江苏淮安的新安小学详细制定了学生"生活的方法"，或许可和现在的学校做一比较。新安小学对学生规定：一、每天做运动一次。二、每天整洁一次。三、每天写日记一篇。四、每天喝开水五大碗和豆浆一大碗。五、每天大便一次，且要定时。

看到这里，大家可能会意一笑，怎么连"大便"这样的事也位列其中？更出人意料的是，每天的功课无一字提及。说完了每天要做的事，接下来是每年要做的事：每年种痘一次、每年洗澡八十次到一百次。然后扩大到其他，如能欣赏名歌名画和自然风景，每日轮流做主席和记录，每日轮流烧饭和抬水，征集社会批判……

这些让人赞叹、值得回味的要求，细致具体，包含了身心发展、道德修养、审美人格等各个方面。于这种生活中浸润长大的学生，怎能不拥有健康、阳光、向上的人格？

现在，我们听多了学校为文化建设而高喊的口号，也看多了学校在谈及文化建设时，言必称景观的做法，新安小学着实让人耳目一新。这所七十多年前的普通小学，真正彰显出了学校文化的本质：它落脚于人，落脚于日常生活的点滴，悄无声息地去影响一个人的行为方式和精神面貌，成为一个人成长的雨水和泥土。

其次，文化不是普通的生活方式，而是面向心灵的生活。对学生来说，学习静态的知识是不完整的，他要的是体验，是希望他生命所经历过的每一个地方都有爱有恨，都能在他的灵魂深处留下印痕。

这，就是古人所谓的"过处便有情"，也是学校文化的臻境。

当代学者何兆武，到近九十岁高龄时，仍然记得自己少年时到北京图书馆借书的情形："北图的房子盖得很漂亮，环境非常优美，也很幽静，刚一进去是柏油路，自行车骑在上面没有声音，可是存车处前又是一段沙路，骑在上面便发出沙沙的声音，非常动人而富有诗意，至今回想起来仍然神往不已。"

何老讲的是图书馆的文化气质带给他的终身影响，"一段沙路，一阵沙沙声"，多么简单，多么干净，但是从简单和干净中，却散发出纯粹的美来。这何尝不是对学校文化建设的一种借鉴？

如今，校园里的景色虽然日新月异，可是在校园生活里却少有这样的纯粹和简单了。那令人憧憬，惹人向往，永远使学生的灵魂无限渴望的美，更是日见杳如。今天的校长们，在创建学校文化时，似乎理智远胜于情感，他们更多的是在用头脑而不是他们的整个心灵在创建。所以，现在的学校文化，往往不能使学生身心激动。

什么样的文化能让人身心激动？我想，那一定是富有诗意的文化。所谓诗意，它超脱于物质环境，直指人的精神和心灵。它所提倡的，是让师生永远保持着一种赤子情怀、保持着一种敢于挑战世俗的超越功利的人生态度，从而让人获得一种内在的精神自由和开阔的成长空间。

正是这样的文化，让钱学森在美国加州理工学院求学时，敢与导师争论不休，话语激烈又尖刻；也正是这种文化，让杨振宁在就读西南联大时，就敢于批评爱因斯坦的论文，说他"毫无创新，是老糊涂了吧"。言行间，渗透出来的，正是一种生命和精神的自由感。

要培养什么样的人，就给他什么样的文化环境。所以，每当我听到有人说"学校文化热"快结束了时，都有一种深深的无奈：在成本计算的框架里，任何慢性的靠气质温润养成的文化行为都会遭到嘲笑。

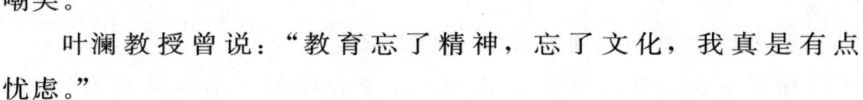

叶澜教授曾说："教育忘了精神，忘了文化，我真是有点忧虑。"

愿她的忧虑不会成为现实。

学校要有自己的"立场"

要办好学校，必须唤醒学校的文化自觉。

所谓文化自觉，是指生活在一定文化中的人对其文化有"自知之明"，即明白它形成的过程，它的特色和发展趋向，以加强文化转型的自主能力，从而取得文化选择中的自主地位。

具有文化自觉的学校，因为有自主的能力，才能在变革时，不再是进行点状的修修补补，而是勇于进行转型性的整体变革，从而影响到每个师生，影响到每个"人"在教育中的日常活动以及相应的生存状态。

在成都的一个县区，就有一个这样具有文化自觉的学校群体。

他们的校长，努力根据学校的实际，提炼出各自学校的教育理念。如有的小学提出"乐园新乐章"，有的提出"学习生活教育"，有的倡导"环境教育"，还有的倡导"阳光教育"，等等。

刚刚接触时，很多人不以为然。教育规律恒定，这样的做法和"贴标签"有什么差别？能对教育的实际产生效果吗？

但深入了解后，他们才发现，这些学校其实是在形成各自学校文化的同时，试图去取得在社会变革中的自主地位——他们不愿意仅仅去承受社会给学校指定的命题，而是努力在学校教育的核心地带，寻找教育的真谛。

提出"阳光教育"的磨子桥小学，就把这个理念细化为16个具体的要求。他们要求教师做到：

知晓学生的姓名含义，知晓学生的生活习惯，知晓学生的个性特点，知晓学生的行为方式，知晓学生的思维方法，知晓学生的爱好兴趣，知晓学生的困难疑惑，知晓学生的情感渴盼，知晓学生的心路历程，知晓学生的知音伙伴，知晓学生的成长规律，知晓学生的家庭情况，知晓学生的上学路径，知晓学生的社区环境，知晓学生家长的思想，知晓学生家长的愿望。

这16个"知晓"，并不是所有学校都特别强调的：它让"阳光教育"避免成为死气沉沉的失去活力的概念，而是有了自己独到的内涵和价值诉求。

这16个"知晓"，也让学校避免了自我贬值的危险：它不仅可以适应社会，而且可以引领社会；学校能超越自身围墙的局限，舍弃眼前的图谋，以守护教育的理性。

这16个"知晓"，让学校有了自己的"学校立场"，让身处其中的每个教育者都深知：学校是服务于谁的，学校是依靠谁来展开的，学校要培养的人是什么样的。

只有有了文化自觉的学校，才会有意识地去寻找自己的学校立场。

站在自己的学校立场上，学校才能懂得尊重教育——她执守教育的规律，因为执守所以有品位；学校才能懂得尊重社会——她理解学校是儿童与社会的桥梁，因为理解所以敢开放；学校才能懂得尊重师生——她努力去达成师生的完满与幸福，因为向着师生所以有道德。

而无数个"有品位""敢开放""有道德"的学校集结起来，最终将产生一个澄明的教育世界，一个向"人"而生的教育事业。

所以，当我们日益强调教育的精神价值时，每所学校都应该问一问：我们的学校立场是什么？

也许有人会说，在目前的社会压力下，尤其是在基础教育出口狭窄、改革配套措施尚不完善的现实中，寻找学校立场、追寻文化自觉有什么用？

这让笔者想起了一个小故事。90年代初，三八妇女节快要到了，一个年轻的俄罗斯丈夫拿着刚刚挣来的钱问妻子："明天过节给你送什么礼品呢？是把这些钱交给你支配，还是给你去买一束鲜花？"年轻的妻子不假思索地回答："我希望你明天给我送一束花！"

要知道，当时的俄罗斯刚刚经受"休克疗法"，商品极度匮乏，货币不断贬值，民众生活已陷入窘迫。然而，他们仍深信精神价值的宝贵，仍追求困境中的理想。

艰难困苦，玉汝于成。处在改革与发展关键时期的教育，是否也要保有这种"不管多困难，仍有一瓣心香"的精神追求？

改造学校的"秘密"

"问题的出现,恰恰是学校前进的开始……"

坐在山东省潍坊广文中学的会议室,吉林省抚松县第三中学的校长张传英,以为这不过是一次寻常的学校情况介绍。他嗓子很痛,想听一会儿就去医院。

没想到,一听就是两天。

嗓子的痛早就抛到九霄云外。

"越听越感觉对思维的冲击太大了,眼前每天都在闪亮。"

他不停地追问自己:"很多问题,像孩子不喜欢课堂,离校时搞破坏,老师感到职业倦怠等,为什么广文能解决,在别的学校却成了痼疾?"

创造性的解决之道在哪里?介绍快结束时,广文中学校长赵桂霞,说了这样一段话:"只要是创新的、真正发挥作用的东西,都必然遵循了规律。规律在哪里?它就隐藏在问题里。"

可是,现在不知有多少校长和老师,被问题本身困住、难住。规律在他们眼里,往往是停留在纸上的武器。

广文中学何以能抓住这看不见、摸不着的规律?

一、自主选班:只有适合的教育,才是最好的教育

"你看,这五位学生有什么差别?"赵桂霞给我们看学生的成绩。我们一下愣住了,5位学生的总分都是187分。

仔细分析,"有的学生各科比较平均,有的学生部分科目比较弱"。

"那这两位学生又有什么不同?"我们接不上话了,两位学生的数学都是70分。

"背后的差别大着呢。"赵桂霞身材瘦削,眼睛里却透着一股子

精气神，说起话来也快人快语。

"数学同是70分，一位学生是基本概念掌握得好，但空间与图形就很弱；另一位是计算能力很强，而解决问题的能力弱。"

更重要的是，"即使分数一样，背后的原因也不相同：前面学生的成功动机和期望很低，但他人促进却很高；另一位学生的期望和成功动机都比较高，社会责任却比较低。"

这说明了什么？

"前一位学生的成绩，是在他人推动下取得的，自己的学习动机并不强。进入初中后，学习科目增多、强度加大，成绩容易下滑。后一位学生，自我期许很高，但社会责任感低，容易以自我为中心，将会影响到他后续的发展。"

我们惊讶地看着桌上的一摞小册子："你们对每位学生都做了这样详细的分析吗？"

赵桂霞点点头。

她说，学生进入广文，第一件事，就是参加学校自主设计的"学业水平测试与学习动机诊断分析"。分析的结果，是长达几千字的报告，里面有学生不同学科的内部能力差异，还有社会责任感、焦虑度、期望、人际关系、个人爱好、特长、运动技能等各方面的情况。

"我们不能只看到分数，还要看到分数背后的具体的'人'！"

《其实有一百》是赵桂霞最喜欢的一首小诗，不知读过多少遍。对好多诗句，她有深刻的感触："孩子，是由一百组成的，孩子有，一百种语言，一百只手，一百个念头，一百种思考问题的方式，还有一百种聆听的方式，惊讶和爱慕的方式……"

可有多少学校愿意下这样的大功夫、笨功夫，去了解色彩不同、姿态各异的"一百"呢？很多学校实行的"平行分班"，不就是按分数平均分配学生吗？刚开始，每个班的平均分相差不到1分，有的甚至不到0.5分。看起来，对孩子多么公平！

然而，随着学习的深入，学生间的差距越来越大。

赵桂霞曾做过一次调查。

有个班，初一上学期期末考试，一、二类学生的成绩差距为91

分，二、三类学生的成绩差距是117分。仅仅一个学期后，一、二类学生的成绩差距拉大到117分，二、三类学生的成绩差距拉大到197分。

"表面的公平，带来的却是结果的不公。"

原因何在？

是因为我们方便了学校的管理，却忽视了成长的规律。关注了干巴巴的分数，却忽视了丰富的人性。

孩子生命的多样性还未充分展开，就已经被打上了固定的"标签"。广文要做的，就是打破这理念的坚冰，让学生根据"人"本身去自主选班，而不是根据"分数"去分班。

"学业水平测试与学习动机诊断分析报告"，就是学生和家长自主选班的依据。

广文把班级分为四种：自主学习班、数学加强班、英语加强班和情态强化班。

像上面五个总分都是187分的学生，最终选择了不同的班级：两个学生各科成绩平均，成功动机较强，选择了自主学习班；一个学生数学明显弱势，选择了数学强化班；一个学生英语较差，选择了英语强化班。最后一个学生，尽管各科成绩也比较平均，但他的学习动机各项测试都在二级（注：一共分五级，最低为一级，最高为五级），所以选择了情态强化班。

刚开始，很多人不理解。有朋友好心地提醒赵桂霞："你不怕被人说是分快慢班？"

"不怕！"赵桂霞回答得坦然而淡定。

"快慢班是什么？是给快班配最好的老师，把最好的教育资源给最优秀的学生，这损及了教育公平。"

"但我们的4种班级，是根据学生的情况，有针对性地配备老师：自主学习班的班主任，年轻有活力，愿意放手给学生去自我探索，并着重改变他们易以'自我为中心'的倾向；数学和英语强化班的班主任，是最好的数学和英语老师，能帮助学生掌握良好的学习方法；而情态强化班的班主任，一定是最优秀的班主任来担任，他们的责任最重，要培养学生的自信、自强。"

"即使是同一类的强化班，不同班配备的老师也不尽相同。比如说，数学计算能力弱的班级，配备数学老师时，就会注意选择那些计算能力很强的老师。"

说到底，自主选班，就是孩子缺什么，需要什么，就给他配备这方面最好的老师，以达到"基本素养上补短，特长上扬长"的目的。

唯有如此，才能培养出全方位平衡成长的人。

"大一统成就不了任何孩子。"赵桂霞说得真诚而沉重。

"孩子不能选择家庭，不能选择社会，但他能选择适合自己的教育。只有适合的，才是最好的教育。"

因而，每个班的育人策略不同，教学策略也不同。

情态强化班，每天给孩子讲一个励志故事，鼓励孩子从自卑中走出来，树立自信；英语强化班，从小学的 26 个字母开始，夯实基础，并用"改写课文，名句赏析"等方法培养学生的英语兴趣；数学强化班，让学生学写"数学日记"；自主学习班，给予学生大量的自主学习时间，并着重培养学生的"开放型人格"，让学生学会分享，关心他人……

班与班之间，没有重点之分，只有合适与否。

曾有一位家长，事业有成。入校时，孩子想选择情态强化班，可家长坚决反对。他说："我在社会上混得这么好，孩子能上差班吗？"原来，他私底下认为，这是分快慢班呢，肯定是优秀老师教自主学习班，普通老师教其他班。

一个月后，孩子哭着、闹着，不想上学了："同学讨论问题时，我一句话都插不上。学习还有什么意思？"原来，在自主学习班上，大多数问题都是学生自学、讨论，可这个孩子没有学习的动力，自学根本行不通。

家长彻底"认账"，孩子也如愿以偿地进入了情态强化班。

两周后，家长特地赶到学校，表示感谢。他对教务处主任说："我已经很长时间没看到孩子的笑脸。可是，最近我经常看到孩子开心的笑。我也就放心了！"

不久前，校长赵桂霞去听情态强化班的课。老师布置完一道讨论题，就听见哗啦啦一阵响，学生全都跑到南侧去了。赵桂霞很奇怪，"不像小组合作啊，怎么回事？"

老师告诉她，学生基础比较弱，但他们知道坐在南侧的几位同学可以帮助到自己，就主动聚了过去。

听完老师的解释，赵桂霞的眼泪一下子出来了。就是这个班，刚入校时，趴在课桌上睡大觉的，大声喧闹扰乱课堂纪律的学生们……何曾有这种发自内心的求知的劲头？

"你知道吗？如果是传统的分班，这些孩子只会是被忽略的边缘人。"感动之余，赵桂霞思忖着：作为成年人，我们总是想当然地认为，随机抽取教师是最公平的，随机按分数分配学生是公平的，却忘了"因材施教才是最大的公平"，让每个孩子在自己独有的基础上，都有所进步，才是最大的公平！

初一学期结束，是数学加强班，而不是自主学习班的学生名列全年级前茅。这个学生，数学在小学时只有三四十分的成绩。

初二时，参加潍坊市地理、生物的毕业会考，广文的生物A等率超过了49％，地理超过了42％。这是什么概念呢？整个潍坊市，各学科的平均A等率只有15％！

二、"引桥"课程："追问中，规律发现了，方法也就有了。"

很多习以为常的现象，常被赵桂霞看出与众不同的"门道"来。

上了初中，学生学业两极分化严重。赵桂霞就想，肯定是学生在接受某些知识点上出现了问题。但到底是哪些知识点呢？

2007年，她带着全校老师，把初中三年的知识点，认认真真，做了一个全面梳理。在期末时，请全校学生参与每个知识点"难度系数"的测评。

没想到，自此一发不可收拾，构建出了一系列的有广文特色的"引桥"课程。

在调研英语知识点的难度系数时，赵桂霞发现了一个奇怪的现象：男生在所有知识点上，难度都高于女生，没有一个知识点的难度有交叉。

有的老师不以为然："这不就证明了男生英语学得没有女生

好吗?"

可赵桂霞没有停留在对表象的承认上,她连连追问:"这个现象是广文独有的,还是其他学校也有的现象?""是小学造成的还是初中造成的?"

结果发现:这是一个普遍现象,而且小学已经出现。

于是,再追问下去:"小学时的差距是如何形成的?"

英语老师们聚在一起,寻求问题的答案。原因找了好几条,排在第一、第二位的是:男女生的生理和心理差别;男生的发音障碍。

前者是天生的,后者却可以通过恰当的教学克服。

"小学时,由于各种原因,男生发音不准,掌握不了音标,影响了后续的英语学习。"张建英老师说,利用假期,英语老师编写了一本薄薄的教材,把小学时应该掌握的字母、音素、音标、单词、句型和语法整合进去。

在新生入学的头一个月里,他们用这套教材,再加上自己摸索出的"字母、音素、音标三位一体教学法",对新生进行基础知识的强化。

短短一个月,学生就达到了"听其音,知其形;见其形,读其音"的效果。

一个学期后,再进行知识点的难度测试,男女生的差异消失了!

广文的"学前引桥课程",由此发端。

赵桂霞常常拿这个例子,提醒老师们:"对问题,一定要不断的追问。追问中,规律发现了,方法也就有了。"

可是,面对着几十个甚至上百个学生,每个人都是如此独特,怎么从那么多的学生中去发现规律性的东西、去探索普适性的方法?

"一定要学会用数据说话。"赵桂霞说。

2007年春,化学教研组面向全体初三学生进行了化学知识点的难度认同值调查。这份调查,不仅学生参与,而且老师自己也参与进来。许多结果,发人深省。

在所有知识点中，学生认为，最难的知识点是"棉、羊毛、合成纤维的区分"，其难度系数高达 46.7%。也就是说，有近一半的学生认为，这个知识点难学。可是，老师们认为这个知识点难学的只有 10.2%。

巨大的反差，让老师们觉得不可思议：这个知识点多简单啊！学生为什么会觉得难？

他们请来学生，座谈，调查原因。孩子们说，自己日常生活中从来没有遇到过这些东西，无法理解。

"城市里的孩子，缺乏生活经验的支撑！"老师们猛然惊醒。

化学教研组组长孟祥池说，那一刻，仿佛一道阳光，瞬间照亮了自己的心房。"过去，我们都是凭经验，去判断学生哪些知识点掌握不好，去推测原因是什么，恰恰忘记要了解学生自己最需要什么！"

"子非鱼，焉知鱼之乐"，师非生，又焉知生之苦？老师习惯于用自己个性化的经验，去代替学生作决定：哪里难学，哪里该注意。这样，该使的劲儿总使不到正确的"点"上。

最好的方法是问"道"于生。

这才是真正的"以生为本"。

后来，孟祥池在反思中写道："难道课堂上让学生多表达、多参与，就是'以生为本'了？有时候，那不过是表面的改变。"

"内涵的改变应该是，问题要从学生中来，再到学生中去寻求问题产生的原因，老师据此采取不同的教学策略，才能真正实现'以生为本'。"

"棉、羊毛、合成纤维的区分"的知识点，本是最后一章的学习内容。为了让学生对此有深刻的印象，在接手新一届学生后，孟祥池提前在序言课里，设计了一个实验，取来三种不同材料的布条，点燃后，让学生闻一闻，看一看。

学生们一下就明白了："羊毛有烧焦羽毛的气味，因为里面含有蛋白质，生物里已经学过啦。棉燃烧后，有烧纸的气味，灰烬用手一碰，就成了粉末……"

还有的老师，带着学生走进了潍坊的纺织城，让学生现场去观摩和学习。

2008年，化学教研组再次调查知识点的难度认同值，"棉、羊毛、合成纤维的区分"难度一下子下降了14.1％；2009年跟进调查，难度又下降了5.4％。

"我们把这种方法，称为'难点引桥'。"孟祥池说，"难点引桥"的关键，是老师根据学生的需要，去决定教学内容、教学方式和教学顺序。

"学生缺什么，我们就朝什么方向倾斜。学生需要生活经验的支撑，我们就给他们补充生活经验；学生需要什么样的教学秩序，我们就做适当的调整。"

而这一切的根本，就是根据学生的认知规律来教学：新知只有在经验或旧知上找到附着点，才可能实现有效学习。

2007年冬季，赵桂霞带着老师，走访升入高中的学生，并请学生"对你在高中学习最轻松、最喜欢的学科进行排序"。

结果出来，化学排在第六位，老师很尴尬。要知道，初三时同样的调研，化学还排在第二位。

化学老师放低姿态，请来高中老师和学生，谈问题，找原因。原来，初、高中的课程标准不同，个别知识在衔接上出现了断层。高中化学老师教得苦，学生学得累，自然无法喜欢起来。

怎么解决？老师们开始研究高中教材，发现哪里知识出现了断层，就给哪里补上（由此形成广文的"发展引桥课程"）。尽管很多补充的学习内容，中考根本不会涉及。

专家到广文调研，对此赞不绝口。他们说："作为初中校，你们不是只盯着中考，而是看着孩子的未来！"

2008年，在对升入高中学生进行的同样调研中，化学成了排第二位的受欢迎的学科。

调研结束时，学生们集体站起来，给了初中化学老师最为热烈的掌声。他们说，老师是自己学习的领路人。走在路上，他们会及时、准确地提醒我，某处有块石头，某处有个坑，要小心啊，或者是坡度太高了，用引桥给搭个台阶吧。

"他们是真正从我们的需要出发。"

三、要培养什么样的孩子，就给他们什么样的"营养"

到广文之前，赵桂霞曾任潍坊市教科院副院长。

期间，她组织过两次校本课程评选，但每次都让她很难过。

为什么？

因为不同学校报来的校本课程，同质化严重。你开发"古诗词"的校本课程，我也开发一个，至于为什么要开设，却没有思考。

当时，赵桂霞就在想，学校的课程不应该这样构建。她说："课程是学生精神成长和知识成长的营养，你给他们什么样的营养，就意味着你希望他将来成长为一个什么样的人。"

到了广文，她提出，广文培养出的学生应该有"大家风范、人文底蕴、科学精神、国际视野"。与之相匹配，学校开发出了大家系列、文化系列、实践与探究系列三个系列的校本课程。三个系列，都剑指"以情促智，自主发展"的育人理念。

除此之外，广文中学还有一些特别的校本课程。

如"离校"课程。为什么要开设这样一门课程？广文老师们说，这门课程的目的，是为了让学生体会到抛却了世俗功利的、纯之又纯的感情。

"离校"课程整整一天。上午是主题班会，每位学生都讲述三年中的故事，同学的，父母的，老师的。过去的点点滴滴，在这个特殊时刻被放大，被传播。

"我们要让每个人都露出内心的善与美来。"班主任宫述娟说，三年里，学生会有不如意，也会有不开心，对这些，"只有回头看，才能真正地理解和包容。"

下午是主题校会。学生们走上台去，讲述对老师的爱。老师们也走上台去，表达对学生的情感。

2008年，初三的全体老师，为毕业生朗诵了一首自创的诗歌：《因为有你》。

父母说你们是他们心中的明月/伟人说你们是早晨八九点钟的太阳/我们说你们是我人生的骄傲……因为有你，我们也年轻……因为有你，我们仍拥有梦想……因为有你，我们懂得了奉献的意义……

朗诵完毕，全体初三老师，做了一个学生们料想不到的举动。他们在台上，集体向学生鞠了一躬，大声感谢学生陪伴自己度过了难忘的三年。

全场一片寂静。

突然，前排的学生站起来了，他们庄重地弯下腰，无声地表达自己对老师的感谢。后面的学生也跟着站起来了，对着台上的老师，深深地鞠躬。

站在一旁的赵桂霞，和师生们一道，泪流满面。

"这一瞬间的情感，会影响到孩子的一生！"赵桂霞说，不管什么时候，都要让学生与美好的情感为友，以高贵的心灵为师。

毕业典礼结束，初一、初二的学生和全体老师，站在会场通往学校大门的道路两旁，鼓掌欢送毕业生。短短两百米，学生们却足足走了半个小时！

他们拥抱着老师，听着老师的叮咛，一边走，一边回头。

"我第一次觉得回家的路这么漫长。"参加完"离校"课程的学生，心里充满着对老师、同学的恋恋深情："他们都是我的亲人啊，过去的冲突、不愉快，在那一天全部烟消云散。"

这样的效果，让许多老师始料未及。记得赵桂霞刚提出"离校"课程时，许多老师都反对：过去毕业，有的学生在校园里砸课桌、烧书、打架；现在却要留学生在学校一整天，难道不怕出事？

然而，情感的力量，改变了一切。"试想，当一个学生心灵上带着美好的情感，走出校园，他怎能不心怀感恩、敬重生命，怎么会去喋喋不休地抱怨，以至怨恨，去干出反社会、反人类的事来？"赵桂霞说，没有情感的教育，不过是一池死水。

所以，广文的校本课程多让学生接触、感悟美好的情感，抱怨、愤怒之情少碰、少描述。这样氛围浸染出的学生，懂得爱，懂得珍惜，能从他人身上找到美好，也能给自己一个宽广的未来。

四、网格效益图：规律，不是用来打破而是用来珍惜

赵桂霞听过一节历史课，师生互动、抢答得分，老师上得开

心，学生学得投入，听课人也觉得是一种享受。

可课后测试，平均分只有56分，不及格！

赵桂霞陷入了深思。

"自主讨论，小组合作，形式改变了。但老师是否知道：为什么要讨论合作？什么时候该讨论合作？从中，老师获得了哪些信息？学生又得到了哪些进步？这些问题，是我们更应该研究的内容。"

赵桂霞与她的团队，开始探索"自主互助"形式背后的价值取向。

其一是"愉悦"。孩子每天上课，如果课堂失去了愉悦，孩子的生命质量就不会高。

其二是"高效"。充斥着大量无效环节的课堂，纵然繁花似锦，孩子也汲取不到应有的知识，还极有可能加重课后的负担，导致学习愉悦感的消失。

"愉悦，关涉生命生长；高效，着眼知识提升。在自主互助学习型课堂上，二者须臾不可分割。"

但是，什么样的课堂是高效的？什么样的课堂又是愉悦的？

调研，还是调研。

广文面向全体师生，做了个大型调查，请大家谈谈自己心目中的高效愉悦课堂。

结果出来，汇总出80多个影响高效愉悦的要素。其中有四个要素，师生高度认同：教学环节、教学内容、教学方法和师生配合。

2007年秋，时任广文中学课程处主任的张建英老师，手拿计时器和"教学流程效益网格图"，和赵桂霞等校领导走进了课堂。

"我们想用这个工具，帮助老师分析每一个教学环节，然后删除掉其中的无效环节、固化高效环节，并发现哪些教学环节存在问题。"

一开始，老师们不理解，也不适应。

数学老师刘雅琴，是工作了近二十年的骨干教师。她说："掐着表，去计算每一个环节的时间，能算出什么来？课堂是自由的，再说了，面对这么多学生，说不定有什么突发事件。哪能这么精确？"

然而，几堂课连续分析下来，刘雅琴心服口服。

有一堂课，是刘雅琴与同事的"同课异构"。那是她的"得意之作"：先是小组合作，再是展示，最后是老师的点评。

与她的课堂相比，另一位老师以自己讲解和请一位同学讲解为主。

可是，效益网格图显示，两位老师的课堂效能差不多；随堂测试，两个班的达标率也不相上下。

刘雅琴很惊讶："为什么两节课的课堂效能没有形成鲜明对比？我的课是如此愉悦，如此吻合新理念，感觉应该是相当高效的，为何没有？"

赵桂霞仿佛看透了刘雅琴的心思，她拿着效益网格图，一条一条向刘雅琴分析："你的课以学生说和听为主，根据专家的研究结论，当学生述说时，他们接受知识的效能是70%，当他们听时，效能是20%。另一位老师的课，以学生的听为主，效能相对不高，但他在每讲完一道题后，就有一个让全体学生动手记录和整理的环节，这是'做'，而'做'在接受知识时的效能高达90%。"

"就是'做'的教学环节的缺失，导致了看似高效课堂的低效！"

短短数言，刘雅琴如雷贯耳："原来，我以为学生思考了和说了，就积极参与了课堂，掌握了知识。"

"但是我没想到，做的环节，是更深层次的参与课堂，是学生思维的自主梳理与落地。"

过去，刘雅琴不是不知道"让学生动手做"的重要性。可是，只有当她自己经历了发现、实践的那一刻，她才真正理解、拥有了这条规律。

随后的一节课上，前面三个教学环节不变。只是在学生展示完后，刘雅琴请学生挑一种自己最喜欢的做法，把它写出来。然后，同桌交流，找找毛病，进行改正。

不过增加两三分钟的教学环节，效果却出奇的好：随堂测试，达标率一下子提高了20%！

下了课，刘雅琴有个冲动，要给赵桂霞打个电话，告诉她："你说得真对！"

"我教学近二十年，从没发现自己的这个弱点。"效益网格图，让刘雅琴看到了规律的力量。她说，"什么是教学有法，教无定法？第一个'法'是规律，第二个'法'才是方法。不遵循规律，再巧妙的方法也会受到影响。"

效益网格图的工具价值，渐渐被更多的老师所认可。

他们开始改变"独唱者"的习惯，因为效益网格图告诉他们，学生只用听的方式，获得知识的效能很低下。

还有细心的老师，通过研究效益网格图发现：初中课堂上，一个教学环节以5～8分钟为宜。时间过短，学生疲于应付，思维难以深入；时间过长，学生参与率开始下降，再有趣的教学环节，也不能吸引学生高度集中注意力。

2008年，网格效益图在广文分析了近千节课堂。让赵桂霞高兴的是，老师们根据网格分析图对教学环节的观察，制定出了各科的教学规范！

"网格图的最终目的，就是通过规范教学环节，改进常态课堂。"

广文的地理教研组，第一个拿出了学科教学规范。

他们给自己规定：（1）用与本课有关的谚语、俗语、诗句、故事等作精彩导语，导入时间不超2分钟。（2）教学地理成因类知识，能用动画不用静止，能用彩色不用黑白，能写板书不用电子黑板，能思考就不解说。（3）达标互查以2人小组为主，讨论问题以4人小组为主，评价小组以8人大组为单位……

效果如何呢？地理老师祝志强说，在实施教学规范两年后，"广文地理学科的A等率，从原来的25%强，接近了50%。"

初看之下，也有人问，这样的规范会不会太细，太琐碎？

赵桂霞抿嘴一笑："不要忘记，限制，才是创造的磨刀石。"

所有的限制，其本质不过是规律。而规律，不是用来打破而是用来珍惜。

广文人深知其中的"秘密"。

他们从每一个细节做起，从寻找规律做起，悄悄唤醒老师对课堂教学规律的尊重与认识，也慢慢拉近了常态课与公开课的距离。

五、探索学科教学规律：改变了老师的思想，才能改变课堂

一次，广文的数学喜获丰收。

赵桂霞遇到数学教研组组长，乐呵呵地问他："你们数学学科那么好，是不是有什么好方法？"

没想到，简单的问题，竟然难住了人。

教研组长支吾半天，才憋出一句话来："是我们这个团队很能干吧。"再往细问，无话可说。

这件事，让赵桂霞很感慨："不同的学科，学生接受知识的路径不尽相同。取得成绩的关键，应该是遵循不同的学科教学规律，哪能用'团队努力'一带而过？"

由此，广文掀起了"头脑风暴"的浪潮。

直到今天，思想品德课老师高克林，仍然记得当时的火热。

那天，16位思想品德课老师聚集在一起，围绕两个问题进行思考："学生不喜欢思想品德课、老师感觉教得累的原因是什么？""解决问题的方法是什么？"

没有规则的约束，每位老师都敞开思想，自由驰骋。一个老师说完，记录人立即把它写在贴在墙上的白纸上。一轮说完，再说第二轮……

所有的观点，只会被记录，不会被批评。

每个观点，都有可能成为新观点的基石。

"很多自己平时没有意识到的，或者是存在困惑的地方，一下子明朗。"高克林说，那天，大家足足讨论了两个小时。然后，对所有观点按照重要程度进行排序。

结果，让所有的老师眼前一亮。

为什么学生不喜欢思想品德课？排第一位的原因是："老师灌输式的讲授，不结合生活实际，造成学生为知识而知识，枯燥乏味。"

怎么解决？"一定要贯彻好案例教学法。"

为什么学生不喜欢思想品德课？第二位原因是："学生的学科意识不强，漠视思想品德课。"

怎么解决？"与班主任老师配合，与学校活动相结合，让学生对思想品德课重视起来。"

"头脑风暴"，探寻的是学科教学规律，改变的却是老师的思想。改变了他们，才能改变课堂。

以前对"案例教学法"不大重视的高克林，开始在这方面下大工夫。他不仅自己寻找，还带着学生一起收集案例。汶川地震、舟曲泥石流、新中国成立六十周年、感动中国十大人物，等等，尽在其中。

"不管现在用不用得上，我都会收集起来。这些案例有一种震撼人心的魅力，能让呆板的知识，愉悦地走进学生心灵。"

在思想品德课中，有个部分是"传统文化"。过去，高克林教这部分内容，就是"老师划划，学生背背"。老师讲得肃然，学生听得漠然。

可使用"案例教学法"后，一切都不同了。

利用一次中秋节的机会，高克林给学生布置了一个新颖的作业："寻找有关中秋节的诗词歌赋，并做成课件，办一次全班的古诗词鉴赏会。"

学生们的投入，让他始料未及。

一位学生为了设计出满意的课件，一直做到晚上两点半。还有位学生，脚崴了，高克林让他在家休息，不用上这节课。学生不愿意，让妈妈一定要送自己到学校。

课堂上，每个人都争着上去，诵诗，并解释诗中提到的中秋节起源和习俗。平常内向的学生，也被同学鼓励着，大胆地站上了讲台。

快结束时，几个调皮的男生带头鼓噪起来："高老师，来一个！"高克林吓了一跳，朗读可是自己的弱项啊。他连连摆手："今天的舞台是你们的。"学生们不听，几个男生前面拉着，后面推着，把高克林"架"到了讲台上。

那是苏轼的《水调歌头》，学生在制作课件时，故意弄成了繁体字。高克林明白，那是学生给自己出的难题呢。

他高声吟唱起来，声音里融入自己对中秋团圆的感悟。一些学生渐渐离开了座位，围在讲台旁，静静地仰头聆听。

读着，读着，高克林觉得身上发热，把浅色的西装外套顺手一脱。学生们在下面大喊起来："高老师，戴在头上吧。"高克林便把西装往自己的头上一披，仿佛苏轼的锦帽。

吟到"但愿人长久，千里共婵娟"，高克林已是全情投入，学生也不由自主地与他一起高声诵读。读罢，教室里，立刻响起雷鸣般的掌声。"那一瞬间，我感觉自己的心完全和学生贴在了一起。"

掌声里，有学生迫不及待地问高克林："老师，下一次我们能举办同样的元旦晚会吗？"

高克林说："行啊！"

学生几乎跳起来欢呼。几个男生跑过来，一下子把高克林抬起来，抛向了空中！

"课堂可以是不完美的，但一定要是完整的、有生命力的。"这是高克林由此得到的感悟。狭小的教室，也因此盛满了最广阔的幸福。"我工作多年，职业的幸福指数从来没有这样高。"

像思想品德课一样，其他学科也在探索教学规律的基础上，形成了不同的教学模式：语文的"主题学习"、数学的"思维课堂"、化学的"问题导学"……

在广文，每年都做"学生幸福感来源的调研"。头几年，课堂根本进不了前十。

原因何在？

"不遵循学科教学规律的课堂，老师苦教，学生苦学，哪有幸福感可言？"赵桂霞说。

可就在不同学科教学模式推广开的那一年，同样的调研，课堂破天荒地排在了第七位，成了孩子们幸福感的来源之一。

在谈到为什么课堂让自己感到幸福时，学生们写道："老师和我们互动多，课堂的气氛特别活跃。"

"老师讲课能联系我们的生活实际，不局限于课本。"

"课堂上活动多，我很喜欢。老师对我们就像朋友一样。"

几天的采访里,赵桂霞有两句话,让我们印象颇深。她说,要把广文办成"理想学校",而不是简单地以分数为衡量标准的"优质学校"。

什么是理想学校呢?她认为,就是让学生更喜欢、教师更幸福、家长更满意、社区更认可的学校。

简简单单几句话,却道出了办学的真谛。

第四章 成为优秀教师的秘密

如何才能成为优秀教师

我们提倡"教育家办学",对教师队伍提出了更高的要求。成为教育家,需要有独到的实践哲学或理论体系,是对教师个性的一种肯定。

然而,浮躁的社会风气,妨碍了教育家的诞生,这不能不涉及普通的教师阶层。台湾作家龙应台,在高中时曾对课本中提及结论却不予以阐释的做法表示疑惑,于是,请求老师解释"为什么"。

没想到,老师只是很惊讶地望了她一眼,好脾气地一笑,回答:"课本这么写,你背起来就是。联考不会问你为什么。"

这是多年前的事情,但我们敢"打包票"说,这种情况现在就绝迹了吗?

教师习惯于供给"结论",习惯于按自己的思想塑造学生的思想,这样,学生的人格怎能完善、心智又怎能健全?教师的个性怎能显现、教育家又如何能够出现?

德国社会学家韦伯曾经担忧,未来的社会将充斥扔掉灵魂的专才。我们如何才能避免不去培养"扔掉灵魂的专才"?这对教师提出了更大的考验。

所幸的是,实施了 20 多年的素质教育,让教师渐渐明了情感的化育、人性的陶冶、思想的探问等诸方面的重要性。而这样一个时代,也正是催生教育家的极好时代。不要忘了:优秀的教育者往往在与历史的风云际会中,成长为教育家。正如文艺复兴之于卢梭,工业时代之于杜威一样,在实施素质教育的信息时代里,我们又将产生"谁"呢?

但教师在成长中,常面临着琐细的事务,磨蚀着他们成为教育家的理想。如何才能保有这种理想?

也许,首先需要在学生面前,始终保持一种自发的愉悦。教师的愉悦，不单指心情，更来自他对职业和学生的爱与责任。

有一位老教师，平时不苟言笑，刚带的学生都很怕他。老教师住在离校很远的地方，每天早上五点，他就骑着自行车，穿过大半个城市，第一个进入教室。久而久之，他的班上没有迟到的学生。

高考前几天，学生在教室里紧张地复习。这位老教师总是静静地坐在讲台上，仔细地削铅笔。100多支铅笔，眼神不好的他，要削上好几天。原来，他担心学生因为铅笔的原因，涂在答题卡上的答案不清楚，会被扣掉分数。于是，他为每位学生都削上两支铅笔。

这位老教师的举动是平凡的，但平凡中蕴含了他对职业的热爱。试问，一个只把教师职业作为谋生手段、只把学生视为完成工作的工具的人，这种日常的琐碎，会让他感到愉悦而坚持下来吗？答案恐怕是否定的。

只有那些心怀愉悦、并以此安置自己理想的教师，才能有所执守，有所成就，就像这位老教师最终成为当地名师一样。

这种愉悦，是能被学生敏锐地感受到的：即使毕业多年，他的学生仍然记得那两支铅笔，仍然记得他赋予教师职业的闪亮与温情。一些学生毕业后，受他影响，当上了教师，还把这个做法用到了自己学生的身上。

此时，这种自发的愉悦，让教师的成长具有了一种美学的意义：爱是教师一生的功课，责任则是永远的习题。

其次，优秀教师的关注点，不在于学生对传统的妥协与认同，而在于学生求知的渴望与独立判断的能力。

这对教师的课堂提出了更高的要求：教师要能看见学生的思路是怎样发展的——在课堂上，你能看到学生的脑力劳动，占据教师注意力中心的，不是教材内容，而是对学生思维情况的关心。

这是一道难题：什么时候，学生在智力上主动的，什么时候又是被动的？

有时，学生处于研究状态，并不意味着他们的思维是积极的，也许他们仅仅是在模仿一个活动，只是按照教师事先为他们设定好的步骤按部就班。有时，倾听教师的讲授并不意味着学生是被动的，为了理解教师的讲授，学生必须集中注意力，同时还要去消化教师讲授的内容，此时，智力上反而是主动的。

如何帮助教师看见学生的思路？很多学校进行了尝试。

一所百年老校，就把过去只关注教师讲授情况的课堂教学评价表，分成了对"学生"与"教师"两个部分的评价。其中，学生方面占60分，包括学生的学习方式（是否能自学交流、合作探究、猜想论证等）、学习水平（是否能投入、能发现、能自学、能分析、富想象等）、学习效果（是否在掌握并灵活运用知识技能的同时，提升了学习水平、增强了学习兴趣）；而对教师表现的评价只占40分。

对学生课堂状态的关注，表明了学校提倡的态度：要让教师的焦点，放在让学生积极地获取知识上；要让课堂上的思维训练，能刺激学生观察身边纷扰复杂的世界，用自己的头脑去理出头绪来。

做这样的教师，教育者必须改变自己的定位：不再是知识的传递者，而是"教师—学习者"。

要成为"教师—学习者"，教师就应该如柏拉图在《理想国》中所说，学会从感觉世界的"洞穴"上升到"智性的世界"。

这是因为，只有拥有了智性世界，教师才能形成自己的实践哲学，用自己的思想去点燃学生求知的火焰。也只有拥有了智性世界，教师才能占领师生间精神的制高点，担负起文化传承的重任，引领学生养成人格、发展心智。

一位教育家型校长的成长轨迹
——对话上海市七宝中学校长、
上海市教育功臣　仇忠海

2008年，我被评为第二届上海市教育功臣。当时被评上的10个人中，只有我是中小学校长。这个荣誉就像泰山一样压在我身上。我觉得，说我是一名优秀教育工作者就可以了。从1977年参加工作以来，我当了25年的校长。我很愿意和大家谈谈自己成长中的一些经历，很个性化的东西，和大家交流。

一、成功的起点是感到自己的价值

我是七宝中学1968届高中毕业的，1969年到塘湾乡插队。这期间很迷茫，特别想读大学，但一直没机会。当时弄到几本诗集，泰戈尔、海涅、普希金他们写的，我很喜欢，每天抄啊读啊。直到现在，"我体验了愿望，我厌倦了幻想，现在只剩下一片苦难，那心灵空虚的果实"（普希金诗句）都记得特别深。当校长后，我特别注意用文学对学生进行人文教育。我想，这种办学思想是和自己这一段经历有着密切关系的。

后来有机会叫我去当代课教师。本来以为是教语文，却当了物理老师。学物理对我的思维方式影响很大。物理是讲究规律的，它是实验科学，来不得半点虚假。往深了说，学物理使我的世界观和为人处世的方式都发生了改变。物理学对问题的研究，切口不大，但研究得很深，事物之间有一种逻辑关系，你可以一直思考下去。文科呢，面铺得蛮开，但研究得相对浅一点。物理学的思维方式，后来对我管理学校起了很大的作用。实事求是、讲究规律，是物理学对我的影响。

刚代课的时候，我就想，这辈子不要当老师。为什么呢？原来在农村插队，虽然白天蛮累，但晚上还有自己的休息时间。一代课，从此就没有自己的晚上了，你必须为明天的课去做好准备，备课啊，改作业啊，家访啊，都是在工作结束之后的事，晚上没时间玩了。当时，我给一位朋友写信感慨：晚上的时间多宝贵啊！

"四人帮"粉碎后，我被抽调到华东师范大学进行一年的师资培训，1977年回到塘湾中学教高中物理。那一届理科有12个学生，我还记得1978年春节刚过，就开始教学生"力学"。当时自己知道得也不多，就一边自学，一边和学生交流自己的体会。当年，我带的那批学生中，有8个考进了大学。最好的一个学生物理考了97分（当时满分100分）。

一下子，我蛮有成就感的，觉得当老师挺好。尽管带这届学生我很累，所有给学生做的卷子，我都要自己做一遍，当时备课又没有教材，我用的是《中学数理化丛书》物理一册到四册，还有中专的教材和大学物理，每天备课我都要把它们通读下来，然后再根据学生的情况写教案，有时工作到半夜两点钟。真的很苦。由于1978年学生考得好，我当年就被评上了上海县先进工作者，第二年到莫干山疗养，我感到非常光荣，感觉找到了自己的价值和方向。从那以后，我对教育工作非常投入，而投入让我的教学越来越娴熟。渐渐地，我从物理组长变成理化生大组长，变成教导处副主任，变成工会主席，1984年当上了校长。

所以做教师成功的关键点，就是要在教学过程中不断有新的发现，调动自己的兴奋点，而且陶醉于学生的成长，感觉学生成长的每一步都是和自己的付出紧密相关的。那个时候，我想自己一定会当个好教师的，因为我愿意把心放在上面。

在塘湾中学，我一边教书，一边学习，没有间断过。1979年到1984年，我用4年时间拿到了大专学历，1985年塘湾中学的高中被撤掉，我被推荐到上海师范大学脱产两年读本科。后来华东师大举办的骨干校长培训班、高级研修班，我也参加了，我大概是参加次数最多的学员吧。到现在，我已经参加了4届培训。这类理论学习比较系统，许多实际中碰到的问题，一和理论相结合，你就会有一种顿悟："哦，原来里面是有这个规律的。"记得我在上海师范大学教育管理系学到美国管理学家德鲁克的"能级理论",感到每个人的能量确实是不同的,但能量与能量之间不是连续的,而是一级一级的,这就是能级。"能级管理"实际就是量才用人,把每个人放在适合他的位置,把他的能量最大化地发挥出来。目标管理理论也是这个时候系统学到的。后来,我把能级管理、目标管理等理论,结合学校实际,用到学校管理中去,非常成功。1988年,我写了一篇文章,就叫《在科学管理中求超脱》。理论学习,让我的思维得到碰撞,闪出火花,直到现在我也没有放下学习。

我当校长期间,塘湾中学虽然是农村完中,但它的教学质量仅次于区重点中学。后来我又到了友爱实验中学、七宝中学,都是在学校陷入低谷的时候接手的,也都是在很短的时间让这些学校发展起来的。这个过程,不仅是自我挑战的过程,也是实现自我价值的过程。后来,我有机会当副镇长、当区教育局局长、当董事长,但我都放弃了。因为我觉得自己就适合当校长。由于全身心投入办学,家里的事没有心思去管,我感觉欠爱人很多。但现在,我回过头去看看,能办好一所学校就是我人生价值的体现。这也是我的人生观。

二、当好校长的三个必备条件:"天时、地利、人和"

怎样才能当好一名校长?我想有"天时、地利、人和"三个必备条件。

"天",往大里说是国家的教育环境,政府对教育的关注程度,往小里说,就是你顶头的局长。局长是不是开明,是不是真的懂教育,很重要。1994年,当时闵行区教育局局长陈儒俊跟我说:"区委常委讨论决定,把你调到七宝中学任校长。"当时,我所在的友爱实验中学是副科级单位,七宝中学是正处级,相当于"连跳三级"。但七宝中学当时情况很糟糕,升学质量已经滑到市重点的最后了,重点率只有31%。好的老师都走掉了,我接了一个烂摊子,刚开始就不想过去。

陈局长给我说了两段话。他说:"忠海啊,七宝中学就交给你啦,我们只认你。学校怎么发展是你的事,你可以放开手脚去干,在学校发展的过程当中，你的权可以比我还大。但是你记得不能乱来，乱来我还保留一个权，我可以弹劾你。"现在想想，这些话虽然是1994年说的，但其实就是今天提倡的现代学校制度，就是"依法办学，自主发展，自我约束"。"学校交给你啦，你不能乱来"，这是依法办学、自我约束；"学校怎么发展是你的事"，是自主发展，他这么一说，我感觉他目光很长远。

陈局长还说："七宝中学办不好，我教育局在区政府眼里、在老百姓眼里也没有地位。所以教育局和七宝中学是捆在一起的。我支持你。"他是这么说的，也是这么做的，确实给予了我们很多帮助。所以说，局长要开明，如果不开明，校长做什么事他都反对，肯定放不开手脚。其实校长多少都有些创造力的，你给他什么都限制住了，他怎么能发展呢？

"地利"，我认为是校长的人格力量。我走了几所学校，每所学校要去之前，朋友都劝我别去：这个学校一塌糊涂，矛盾很大，一个语文组就有三派，你怎么搞？但我去了之后，都太太平平，什么原因呢？因为我一直用三句话来指导自己的工作：一是与人为善。不管教师、家长、学生，我都以诚相待，以心相待。二是成人之美。尽自己的努力去帮助需要帮助的人。三是常怀感激之心。对别人给我的点滴帮助，都放在心里，而且涌泉相报。我走过的几所学校，之所以能在短时间里带出来，我想，校长的人格作用是非常大的，可能超过校长的权威。现在在七宝中学，每个教师都把我当朋友。我们一位老师跟别人说："仇校长有两点我最为佩服，一是我们学校的每个老师，都认为自己是和校长最要好的，可以无话不谈。二是虽然校长不常和我们在一起，但我们每个人做什么校长都知道。"前不久，几位退休教师凑了钱，一定要请我吃顿饭。所以做校长，也是先做人再做事。

"人和"，就是要把人心凝聚起来。像学校干部，你不仅要把他们看成自己的助手，更要把他们看作专家，每个条线的负责人都是这个条线的专家。比如，分管德育的同志，他整天考虑德育方面的问题，德育方面的书看得比你多，对德育的理解也比你深一些。校长不可能样样都精，你要向他请教。他们写给你的报告，你要非常仔细地看:"谢谢,你写得太好了,思考得很到位。只是有一个地方的提法我跟你商量一下。"他们就会很舒服。如果校长不这样,说:"怎么好这样弄?按我的方案来。"这对他们是个挫伤。他就觉得,我是在帮校长打工,一碰到问题就找你校长,搞砸了反正是你校长定的调子,我不用负责任。做校长,就要善于让干部在学校总的规划中去实施他的工作方案,实现他的价值,以后碰到问题,他就会自己想办法解决,校长也会很轻松。

教师是立校之本。但现在教师的压力非常大,家庭的、工作的、心理的,校长了解吗?校长要善待老师,要帮助老师解决所有的压力,只给他留下一个工作的压力。我们都知道,你叫一个老师要有压力,他是不会有压力的。但当你帮他解决了工作外的所有压力后,他就会全身心地投入工作中,压力他自己就加上去了。所以我很重视社会资源的积累,老师家里老人看病、孩子读书和就业,有问题,就找校长去。我把这些小事情做好后,发现老师都非常努力。学校有位新调来的老师是劳动模范,到了我们学校后,他说:"大家工作太努力了,我是劳动模范,但我看大家都是劳动模范。"你想想,一所学校都是劳动模范在工作,学校质量能不上去吗?

"人和"还必须善待学生。一切工作的落脚点都应是为了学生的发展。但我们过去很多规章制度都是在压制学生、限制学生。2001年冬天,一位学生给我写了封信。他说,学校现在的作息制度有问题。这么冷的天,6点20分开始跑步,违反科学常识。这位同学还说:"我在科学杂志上看到,太阳没升起来,人体剧烈运动是有害的。"我刚看到信时,想他是在挑战学校制度啊。因为七宝中学从1947年成立的时候就是寄宿制学校,一直以"半军事化管理"为骄傲。但现在学生提出来了,我就不能视而不见。我问一位副校长是不是看到过这种报道,他说,有的。于是,我就找学生座谈,一开始学生不肯说。我把学生的信读给他们听。告诉他们,如果大家都感到有问题,我们可以讨论怎样改变。学生就说:"仇校长,我就盼望着下雨,下雨就可以不出来早锻炼,我这一天感觉都很好。如果跑了,一天的精神都不好。"一个女孩子说:"我一跑就头晕,妈妈说这是低血糖,要带两块巧克力。"学生七嘴八舌说完后,我们又在全校发调查问卷，结果73.5%的同学都赞成改变。于是我们决定，每年冬至到第二年的3月1日最冷的时候，不搞集体的户外剧烈活动。后来在升旗仪式上宣布，几千名学生经久不息地鼓掌。所以，学校工作的出发点，不是要以校长为主，而是要以学生的发展为主。

做好校长，"天时、地利、人和"是最基本的条件。任何人的成长都是从这几方面开始的。局长们应该相信校长，把权放给校长，不要把权力都拿在自己手里，变成一个"大校长"。这样一来，校长就没事情好做了，你怎么说我就怎么做，结果把自己的特色和创造都弄没了。教育行政领导一定要理念新，站得高，看得远，心胸开阔，要允许校长犯错误，要保护校长。至于校长本身，要对教育有一个深刻的了解，对我们的国情有一个了解，我们是穷国办大教育，要学会用有限的资金培养出一流的学生。这是校长的任务，不能像有的学校那样，一个月只休息半天，从早到晚"死学"，没意思。校长要把师生真正地装在心里，一切从为老师的发展、学生的发展和干部的发展去考虑，这样就具备了成为一名成功校长的基本素质。

现在，很多校长喜欢到别的学校参观学习，以为学了一套东西后，挪过来就行了。其实不是这样的。我一直给老师说，我们的核心经验可以告诉给别人，不要担心，他们赶上来是好事。但实际上很难赶，很难学。因为天时、地利、人和不是什么硬性的东西，常常是看不见、摸不着的。很多制度或事情，在我七宝中学能够做成，但到别的学校就做不成，它不是你学一个技巧、一种做法就能达到的。天时不是校长可以控制的，但地利与人和，却是校长可以通过加强自身修养达到的。

三、校长要有自己个性化的办学思想

从1994年到1996年，我在七宝中学做了三件事：人际环境建设、学术环境建设和校园文化建设，而且现在还在坚持。学校发生了很大的变化，许多调出去的教师也要求回来。

学校有了这样的精神状态后，对你校长就是一个考验了：你选择把学校带到什么方向？如果你想的是在升学率上超过别的学校，那你就可能去动脑筋挖人家的老师，抢人家的生源，或者关起门来补课。但这是没有出路的。当时上海有"四大名旦"（上海中学、华东师大二附中、复旦附中和上海交大附中），他们有一流的师资和生源，七宝超不过他们。而且如果单纯追求升学率，可能会一步步上去，但也有下来的时候，校长就只能在无穷无尽的烦恼当中，这就叫"苦海无边"了。我就想，要尽快把学校办出名气来，一定不能走这条路。

当时我看上海，只有建平中学很有声音，他不是"四大名旦"，但他的声音盖过了他们。什么道理呢？因为他有自己的办学理念，他提出了与时俱进的、被认为是非常正确的教育观点，"合格＋特长""规范＋选择"，学校所有的制度、课程、校园文化都按这个理念去改变了，于是办得非常火，教育行政部门认可、教育专家认可，整个学校的办学品质也上去了。我就想，找个正确的理念来带动学校的发展，是一条"大道"。其实当时上海很多学校也有自己的口号，但真正拿出东西来，让整个学校围绕理念去改变的，还不多。

那七宝中学应该是什么理念呢？我提出了"全面发展，人文见长"。这个理念，不是一下子蹦出来的，是在我对教育和社会长期关注的基础上提出来的：长期以来，我们的教育重理轻文，重智轻德，培养的学生人格不健全；社会上，人文精神的缺失导致了社会道德滑坡。吕型伟先生不是说过吗：德育如果是庄稼的话，那人文精神就是土壤，你要想庄稼长得健壮一点，就要有肥沃的土壤。

从关注教育和社会的现实，到最后形成"全面发展，人文见长"这八个字，我用了近三年的时间进行思考，经历了三次修改。第一次提的是"五育和谐发展，力求人人成才"；第二次提出"给学生创造充分发展机会的学校教育"；第三次才是"全面发展，人文见长"。理念的形成有一个过程，校长要在实践中不断磨合自己的理念。现实是螺旋式发展的，校长的思想和理念，也必须根据实际，第一轮、第二轮不断地攀升发展。哪怕是同一个理念，它也要螺旋式上升。

当校长提出了自己个性化的教育理念后，他才在某种意义上开始了真正的"自主办学"。什么叫自主办学？就是在深刻把握教育规律和学生成长规律的基础上，对基础教育改革的发展趋势有一个宏观把握和一种内在的预见性，并能把教育理想果断地付诸教育实践。

所以校长要学会看"势"，即趋势。当我们埋头工作的时候，还要抬头看看整个教育发展的势头。比如，我到友爱实验中学这所农村初中的时候，国家正提倡"农村教育要为地方经济发展服务"，我就在友爱中学进行"3＋1"实验，初中三年，再加一年的职业技术培训。以此为突破口，把整个学校的教学质量从上海县的倒数第一二名，变成了第一位。又比如，国家提出要在2020年建成创新型国家，我就考虑创新型国家的建设，最后一定会落到教育上，所以我在七宝中学用整整四年的时间，成立了学生科学研究院，建起了物理探索馆、生命科学研究室、纳米技术实验室等，目的就是培养学生的创新精神和实践能力。我们有一位学生，在高中阶段竟然获得了39项专利！

校长提出理念，办学就有了"蓝图"。下一步，就要按"蓝图"去"施工"。而课程是"施工"的重要途径。像我们开设的校本课程《文化与人生》，每周星期五下午，拿出三节课时间，请来国内外的作家、艺术家和学者，讲他们对人性的理解和对人生的看法。学生非常喜欢这门课，称为"人生的报告"。其实当时的选修课中，适合学生的人文课程比较少，我们就发动老师，编写了《中国传统文化课程纲要》《当代中国外交简史》等。在别的学校觉得主科的课时都不够时，我们有勇气把升学率放在一边，因为我们的办学理念就决定了：我们培养的学生要有一定的人文修养和较高的文化品位，能够全面发展。

当我们把升学率放在一边的时候，我们的升学率却是稳定上升的。而且越到后来，提高得越快。一本率，今年我们有信心冲90％。我一直说两句话，以同样的分数考取同一所大学的，七宝中学学生一定比人家更优秀，因为我们是靠学生的综合素质带出来的；第二句话，二十年后，看哪所学校出来的栋梁之材更多，我有这个自信和别的学校比一比。

我到七宝中学快 15 年了，"全面发展，人文见长"的理念从提出、磨合到践行，也快 15 年了。很感谢有七宝中学这样的理念实践场。现在有的地方提出校长三年或五年一轮岗，其实对校长，特别是对正处在理念形成期的校长是不利的。在同一所学校，校长可以就一个大的问题不断地实践、提升，最后悟出教育的真谛。如果频繁调动，不同的学校问题不同，情况不同，相应地校长提出的理念也可能不同，不利于校长个性化教育理念的产生和成熟。很多名校长都是在一所学校待很久的，像上海育才中学的段力佩校长、上海市南洋模范中学赵宪初校长都在各自的学校待了 20 多年，上海中学的叶克平校长近 20 年。我的"全面发展，人文见长"理念发展到今天，其实也没有完善。我一直都在思考，最近有了新的想法。下一步我将提出，培养的学生应该是"平民本色，精英气质"，这是我人文教育理念的又一次螺旋式攀升吧。

四、遇到问题，就是提高自己的时候

从 1988 年任友爱实验中学的校长开始，我做课题就没有间断过。校长也好，老师也好，要成长，真的需要静下心来做一些研究。

我认为，课题研究是对教育教学规律的探讨，是一种提升自己内在品质的途径，也是学校发展的生产力。我到七宝中学后，先后主持或参与了 1 项国家级课题，4 项国家重点课题一级子课题，7 项市级课题，23 项区级课题。现在手上还有一个教育部"十一五"重点课题。这些课题我都是全程参与的，再忙都会挤出时间去学习和思考。

办学的过程中，校长总会遇到很多问题。面对问题，我的态度是有问题就有发展，没有问题就没有发展。解决问题的过程，就是提高自己的过程。所以我们的课题，一定是从学校存在的问题出发，绝不为课题而课题，不搞"空心课题"。

2001 年年底，上海市教委组织专家进行实验性示范性学校创办的中期评估。评估结束时，评估组长对我说："忠海啊，学校挺好的。但有一点，我们10多位专家听了40多堂课，让我们感觉耳目一新的不多，你们的课还是很传统。"这句话给我压力很大，我在教师大会上说："我们要花三到五年时间，搞一个全员参与的校本课题研究，把这个问题解决掉。"

课题名字叫《以学生为主体的高效率、创造性课堂教学创新研究》。每门学科都围绕这个课题，进行学科研究；又设计了17个子课题，要求每位教师至少申报一个。第二年4月底必须拿出提纲。到了4月，我一看，全没达到要求。为什么呢？因为教师没把自己放进去，都用文献研究法，把这个课题研究做成了空心的研究。于是全部退回去。我们请华东师大的一些博士和硕士，收集了2000多万字的有关课堂创新的文章，然后分科装订。当年暑假，我和全体教师一起，通读与自己有关的文章，并写一篇反思。秋季开学后，我们把所有老师的反思收集起来，创办了一本《教育创新》杂志；然后分5个组举行论坛，每位老师都要发言、点评，我全程参与了语文组的讨论。这个过程中，我对什么是高效课堂的认识也得到了提升。

讨论完后，我们成立了一个学科教学研究所，把学校的优秀师资组合起来，分成6个小组，有质量评估组、拓展性课程建设小组、导师组等，进行改革实践。我们要求，从2003年9月到2004年9月，每位老师必须拿出一个课例来。学校录像，大家研讨，有问题就修改，直到满意为止。从2004年9月起，大家再把最好的课推出来，在全校进行交流评比。

2005年4月，我们把课题成果向全市展示，当年评估组的专家也请来了。我对他说："是你当年一句话，引发我们进行了三年多时间的研究。请你们来看看，是不是有什么改变。"专家特别高兴，说，工作这么扎实，有什么事做不成呢？在听取大家意见的基础上，我们又进行了巩固提高，2006年12月，进行了第二次全市课堂展示，这次比较成熟了。

2007年课题结题时，已经是市级课题了。我去答辩，获得了闵行区一等奖。这样的例子在我办学过程中有很多。发现问题，用课题解决问题，也成了我一个常用常新的"武器"。有些学校，校长和教师都比较累，身体累，心也累，但效果并不好。原因就是他们没找到教育教学的规律。所以校长要和教师一起，学会用课题去找教育教学的规律，只要找到规律了，再提出符合学校实际的做法，自然会成功。

对国内外的各种理论，我也看，但只是汲取它们的合理内核，然后融合在自己的办学实践中。我从不批判谁，也不迷信谁。做校长要把根扎在自己的大地上，把自己所负责的学校这块农田耕耘好。毕竟每所学校的情况都不同，不要把不服水土的"庄稼"引进来。

我当校长 25 年，一直面对"义"和"利"的选择。但我特别自豪的是，自己坚持了一个教育工作者的本色。我不敢说自己是一个教育家。但中国这么大，有那么多校长在基层默默工作，学校也办得出类拔萃，他们确实是当代的教育家。我们不要把"教育家"看得太神秘，这个称号是对教育职业价值的最高认可。我愿意向这个方向努力。

教育随笔：改变教师的行走方式

青色的薄雾，悄无声息地浸透了小镇的夜。

人呼出的气息，附在窗户上，朦胧了视线。

"新课程发展，又将寻求新的突破，这就是学校文化的重建。

作为个体的学校文化的重建，是否就真能有效实现整体教育文化的变革？作为个体的学校文化，怎样才能超越时代的局限，在这负有历史责任的课程发展中，体现出教育者真正的价值来？

这就需要一种教育的大智慧，需要一种勇气与责任，需要更多充满理想、行走在教育理想路上的人们。"

在电脑上敲完这一段字，张向阳揉了揉布满红丝的眼，伸了伸腰。这时，桌上的电子钟显示，现在已经是2月25日23点14分。

明天还要上课，张向阳走出书房。卧室内，妻子早已沉沉入梦。

一、"做一个有心人"

张向阳，一位普通的小学数学老师，目前在江苏省苏州胜浦镇金光小学任教。他还有另一个特殊的身份："教育在线网站"小学教育论坛的版主。这个虚拟身份的任务之一，是在论坛上发表教育随笔，组织网友们的讨论。

"可以说，写教育随笔是我教师生涯中的一个'拐点'。"十多年前，刚毕业的张向阳，被分配到盐城一所小学工作。开始，学数学的张向阳并没有被安排去教数学，而是去教语文。刚摸到了点门道，领导看他人高马大，又让他改教体育。直到学校有了体育专业毕业的青年教师，张向阳才终于教起了数学。此时，他已经30岁。

工作的最初十年，对张向阳来说，"就像是随手画出的一个个圆圈，画了一个便过去一下，很难说得上有些美好的记忆"，是"湿润而又平静的"。

一个偶然的机会，张向阳知道了"教育在线网站"。这是一个由朱永新教授创办的教育网站。"这个网站2002年6月成立，其目的是给普通教师搭建交流与成长的平台。"朱永新说，这个网站也是他所倡导的"新教育实验"的重要载体；而写教育随笔，则是实验的重要组成部分。

2002年暑假，在教育在线上，张向阳第一次接触到了教育随笔。

在嘈杂的网吧中，许多人在聊天、玩游戏，而张向阳却静静地看着朋友们的随笔，成了网吧中的异类。张向阳告诉记者，他曾听到网吧的老板娘悄声对老板说："这个人不打游戏、不聊天，不知在干什么，盯着点。"为了看着他，老板娘特地端了张椅子，坐在他身边"监视"。

看着朋友们在网上的精彩文章，张向阳产生了"说点什么"的想法。2002年7月20日，他写出了第一篇随笔——《在理想的家园中实践我们的教育理想：放弃霸权》。"这篇文章写得很笨拙。但万事开头难，做了总比不做好。"不久，通过网络，朱永新教授送给张向阳六个字："读书，上网，写作。"

张向阳开始了自己的新生活。网上，他与朋友开辟了《走进新课程专栏》；生活中，他开始阅读教育名著和名师们的文章。"那个暑假，是我一生中最快乐的日子。"如今，已经买了电脑的张向阳，回忆起那个嘈杂的网吧、那个警惕的老板娘，脸上依然展现出开心的笑容。

教育随笔对张向阳个人的提升是显而易见的。在此之前，这位小学教师从未发表过作品；在此之后，他已经在教育在线上发表了30多万字的教育随笔。到2003年，张向阳的教育随笔已在十余家省级以上的教育报刊上发表，共50多篇近7万余字。

2003年，《人民教育》编辑部组织了《走进新课程》征文活动。张向阳，这位农村小学的数学教师，一人就发表了两篇关于新课程研究的文章，分获一、二等奖。同一年，张向阳作为人才被引进胜浦金光小学。

像张向阳一样，张家港市沙洲小学教师陈惠芳，也通过写教育随笔而"搭上了成长的快车道"。作为一名教科室主任，陈惠芳坦率地告诉记者，刚开始写随笔时，仅仅是为了完成任务，每月像记流水账一样交上两篇文章。但是，这位"有心"的教科室主任渐渐发现，写好教育随笔并不是一件容易的事。

"要想写好教育随笔，就需要在平时深入了解学生，理解学生，善待学生，对每一个学生给予关注。比方说：在一个星期中，哪些学生写字进步了，有了良好的学习习惯，哪些学生的心理素质提高了，能在课堂上大胆表现自己……这就需要我多一双慧眼，不断进行角色转换。"陈惠芳说，"教育随笔的独到之处，就在于帮助教师成为一位'有心人'——课堂的有心人、事业的有心人。"

随着几十篇教育随笔频频见诸报纸杂志——《人民教育》《中国教师报》《班主任》《德育报》……陈惠芳还先后获得了"苏州市优秀教育工作者""张家港市十佳师德标兵"等荣誉称号。

"教育在线网站"创办后，陈惠芳把自己近年来写的随笔编辑成专集《生命里的那一份份感动》，放到了网站上。在她的带动下，沙洲小学一大批教师也走进了教育在线，开始了教育随笔的写作。

"写教育随笔，离不开大量的阅读和对教育教学的敏感。事实上，我对教育随笔的最大感受是，不仅能丰富自己的理论知识，还能把平时学到的理论运用到实际工作中。"陈惠芳说，沙洲小学的教师们如今已编写了五本教育随笔，"没有对教育随笔的热情，我们是无法坚持这么久的"。

二、"孩子，我看着你长大"

随着"新教育实验"的展开，教育随笔在更大范围得到实践。一些教师开始结合实际，对教育随笔进行了创新。

"我的教育随笔包括三个方面：教育教学随笔、学生档案记录和心灵对话书信。"吴樱花，昆山玉峰实验学校的语文老师，写教育随笔是从学校加入新教育实验后开始的。

刚开始写教育随笔，吴樱花和其他教师一样，只写两个方面的内容：班级管理和语文教学。但一段时间后，吴樱花发现，一个孩子频频出现在自己的随笔中。"后来,我了解到,这孩子有一个特殊的家庭,造成了他特殊的个性和特殊的行为。我决定调整自己的教育随笔,增加一个内容——记录这个孩子的成长。"

吴樱花告诉记者,自己最初的打算是:通过写随笔记录学生的成长,一方面督促自己以研究的态度来对待这个学生的转化工作,一方面系统地收集自己与这位学生之间所发生的事情,以总结对特殊学生教育与转化的历程、做法与经验。

"我记下第一手资料,不管将来成功与否,这都是一份珍贵的研究资料,也能为以后的教育教学提供可参考的依据。"吴樱花笑着说,"其实呀,我也是被逼出来的,是没有办法的办法。"

从2002年10月开始,吴樱花用特殊的方法对这位特殊的学生进行了关注。在3万多字的记录中,吴樱花还原了一个普通教师在工作中的喜、怒、哀、乐,还原了一个琐碎而真实的学生成长历程:

"SD,聪明却个性极强,素以调皮捣蛋出名,而且成绩比较好。曾在五年级就公开宣布喜欢某女生,是一个最让老师头疼的学生。"

——2002年10月29日

"我对她(SD妈妈)讲SD这学期进步很大,是老师的得力助手。……11日晚上和12日早上他非常卖力地劳动,拖地、排位置、搬椅子,他一直冲在前面。公开课上,他发言异常踊跃,见解也很精辟。

今天,课间他一直没有走动,默默地做作业。晚自习前一段时间,他跑到我身边对我说:'吴老师,我作业都完成了,我帮你批试卷吧!'我告诉他答案的把握尺度,他很灵气,很快就领会了。于是他乖乖地站在我身边,一直帮我批完试卷。我望着他想:是否是我在他妈妈面前夸奖了他,使他更加想做一个好孩子、好学生?

今天,我在他的日记里写下批语:老师欣赏你,就像欣赏一部作品!"

——2003年3月13日

偶然的情况下,这位学生从同学那儿知道了吴樱花为他所做的事。他的感动是吴樱花没有预料到的。"看,这是他知道这件事后,写的一篇日记。"吴樱花拿出一个笔记本：

"……我的心情久久不能平静。回到宿舍，我算了一下，（一篇文章）80多个KB大约相当5000个字吧，当时我真的不敢相信——作为一个老师，您竟然如此关心我！！我实在不知该对您说点什么，但是一切爱尽在不言中……努力读书！"

在接近一年的记录后，吴樱花把所有文字整理成册，起名《孩子，我看着你长大》，并把它作为礼物送给了这位学生。"从那以后将近一个学期，他就像变了一个人，成绩基本稳定在前三名，更多的是班级第一名。"吴樱花说，"这件事我还在继续做，他的表现也有反复，但基本上是稳定的。我计划把这份档案整整记录三年，结果会怎样，说实话，我自己也不知道，或许只有时间才能说明一切，但愿功夫不负有心人。"

"其实，只要有行动，就会有收获。"苏州新城花园小学的马彩芳，虽然仅有三年的教龄，但写教育随笔的习惯让她迅速成长起来，被同事们戏称为一匹"黑马"。她说，写教育随笔后，最让她高兴的是，"孩子们亲近我了，家长们信任我了，班级管理和教学能力也有了质的飞跃"。师生关系的和谐，给学生带来了快乐；而学生的快乐，又给马彩芳带来了乐趣和幸福。从这个意义上说，"教师看着学生的成长，而教育随笔则关注着教师的成长"。

三、"校长，您教得比上次好"

苏州的胜浦镇，是一座仍保留着水乡习俗的小镇。镇上的金光小学，成立仅五年。在学校的校园网上，我们看到一位老师写的教育随笔——《有一种思绪叫怀旧》：

"或许，我还未从学生调研测试惨败的阴影中走出；又或许，是学校领导对我们语文教学工作的悲观失望深深感染了我。这学期工作时已明显少了些往日的激情。以前的我曾一度神采飞扬，对未来充满无限憧憬。可如今我已变得战战兢兢，不敢再有什么奢望与斗志。

但我又清楚地知道这种'破罐子破摔'的想法是绝对要不得的。因为我无法面对40多双诚挚的眼睛，我也无法承受自己良心的责备。但我失落的自信我又该如何找回呢？每每思及此，心里总会涌起一股难以名状的悲哀。"

校长庄林生告诉记者，金光小学的文科教学不是很好。在不久前的一次测试中，语文测试的成绩不很理想。于是，庄林生在校园网上发了一篇教育随笔，说"学校的语文教学没有与时俱进"，这位教师的随笔就是针对他的这篇文章而写的。

"老师能将这样的帖子发在校园网，本身就是对学校和校长的一种信任。这说明，她在期待着一种理解，更期盼着一种关爱"。庄林生看到后，在网上又写了一篇随笔，真诚地告诉自己的教师：

"作为学校主要负责人，我从来就没有悲观过，当然失望是肯定有一些的。但是，做任何事情先要有信心，然后要有思考、要有扎实的行动，最后要有恒心。我的个性就是这样的，我就不信了，人家行，为什么我们不行？用3～5年的时间，我就是要使我们的语文教学上一个台阶。"

这篇仅千字的随笔，既表明了校长的态度，又给教师以信心。"但我最看重的，还是通过这种教育随笔，在校园里营造出一种全新的氛围。"庄林生说，"参加'新教育实验'后，教师和校长同写教育随笔，而且通过随笔进行交流。过去一些不能当着校长说的话，教师们现在可以用随笔的形式表达出来。应该说，在某种程度上，教育随笔帮助金光小学开始形成一种民主、平等的学校文化。"

一些大胆的学生也开始对校长的教育随笔进行点评，或者在网上发表自己的看法。在校园网上，我们看到一位学生在听了庄林生的课后，写道："校长，您教得比上次好。"

庄林生坦陈，通过教育随笔实现信息与情感的全沟通，实现校园管理文化的创新，确实是一个"意外的收获"。"随笔拉近了校长与教师、学生之间的距离，教师、学生都可以参与到学校的管理中来，对学校的事务发表自己的见解，学校的精神面貌也有了很大的改善"。

庄林生告诉记者，一个学期结束后，学校会将教师们的随笔集中起来，印制成《金光小学随笔集》，记录下教师、学生和学校的成长，"这将成为我们学校的一笔宝贵财富，而学校的文化底蕴也将在这个过程中逐渐积淀"。

四、"读书是准备，实践是探索，写作是反思"

教育随笔帮助教师与学校成长的"个案"，开始促使一些学校将教育随笔制度化。

"我们学校采取'主题性教育随笔'的方法，即围绕一个主题，连续撰写相关教育随笔。"吴江同里第二中心小学校长钮云华介绍，主题性教育随笔分为"个体式"和"群体型"两大类："个体式"是个人围绕同一主题连续撰写教育随笔；而"群体型"，则是大家围绕一个主题写随笔；学校规定，教师每月要写两篇教育随笔。

钮云华拿出厚厚一叠的打印纸，上面是最新一期的校刊，20多位教师围绕"家访"这个主题同写教育随笔：《心灵需要沟通》《原来你是那么出色》《令人担忧的家庭教育》……"像这种主题性教育随笔，集中了不同的故事与思考，很容易激起教师的探究性阅读"。钮云华认为，这会给教师带来思想和行为的双重冲击，推动教师的专业发展。

该校的管建刚老师，就是通过写"个人式"主题性教育随笔成长起来的典型。

从 2002 年 9 月开始，管建刚在"教育在线"上开设了主题性教育随笔《这一年，我当班主任》。一年的时间，围绕这一主题，他撰写了十来万字的班主任工作随笔，这些随笔后来陆续散见于《江苏教育》《黑龙江教育》《中国教师报》等报刊。

"在撰写《这一年，我当班主任》的日子中，有一段时间，我都处于思考的焦虑和重复实践的痛苦之中——因为如果没有继续、持续且深入的思考与实践，势必就无法继续这个主题性随笔，于是逼迫自己要有新思考和新实践。"管建刚说，正是这"新"字，才让自己得到迅速的发展。

"写作教育随笔，也是一个剖析自我、完善自我的过程。"苏州工业园区新城花园小学校长吴云霞认为教育改革的深入，决定了今天的教师必须是"反思型"的教师，这种反思不仅仅是业务上的，更重要的是对自身修养的反思。

那么，如何培养教师的反思习惯呢？新城花园小学制订了"自我发展设计＋教育随笔"的教师发展自我行动计划。

"自我发展设计"是理性的。在一张设计表上，教师们按照"现状、问题""自我剖析"以及"改进措施"三个部分，对自己进行客观判断。然后每月进行一次定期对照，让教师记录下自己成长的足迹。

"教育随笔"是感性的，是教育教学的实践叙说。通过随笔，教师们记录生活，记录工作，记录学习，记录人生的精彩。

"在撰写教育随笔的过程中，教师们进行着自我反思，体验着改变自己、改变课堂、改变学生的快乐。"吴云霞说，很多教师从自我审视开始，通过梳理自己的教育教学行为，进行教育随笔的写作。在写作的过程中，教师们倾听到了自己内心深处的声音，他们开始试图站在不同的角度追问、挖掘自我，努力摆脱"已成的我"。而教育也在这种理性和感性的反思中，从"随意"走向"有意"。

"事实上，教育随笔的作用不能单独来看。要想写好随笔，首先要有文化底蕴，要多读书；写随笔，是利用自己的理论知识对教育实践进行反思；反思后，教师就要在实践中进行检验与新的探索。"在吴云霞看来，教师的自我发展三者缺一不可：读书是准备，实践是探索，写作是反思。

五、留一只眼睛给自己

吴江梅堰实验小学的教师孙惠芳给我们讲了这样一个故事：

宫本武藏是日本历史上一流的剑客，柳生又寿郎拜他为师。学剑前，柳生就如何成为一流剑客请教老师："以我的资质，练多久才能成为一流剑客呢？"武藏说："至少 10 年。"

"我不能等那么久！"柳生急了："我愿意下任何苦功去达成目的，甚至当你的仆人跟随你。那需要多久的时间？""那，也许需要 20 年。"武藏说。

柳生更着急了："如果我不惜任何辛苦，夜以继日地练剑，需要多少时间？"

"如果这样，你这辈子再没希望成为一流的剑客了。"

柳生心生疑惑："为什么我越努力，成为一流剑客的时间反而越长呢？"

"你的眼睛全都盯着'一流剑客'，哪里还有眼睛看你自己呢？"武藏平和地说："要想成为一流剑客，就必须留一只眼睛给自己。一个剑客如果只注视剑道，不知道反观自我，不断反省自我，那他就永远成为不了一流剑客。"

"学剑如此，教学也是如此。"孙惠芳说，如果一位教师只顾埋头拉车，默默耕耘，从不抬头看路，也不反思回顾，那么，充其量他只能成为一个地道的教书匠，而永远无法实现真正的超越和自我发展。

对教师来说，"写教育随笔"无疑能让教师"留一只眼睛给自己"。

上完一堂课后，静静地坐在办公桌前，从容地整理自己的教学思路，清理自己的教学行为，总结自己的教学得失，捕捉课堂教学时的某个细节，及时记下课堂中的精彩的小插曲或倏忽而至的灵感。

工作之余，平静从容地悠游于书籍之中，写下自己的读书感悟。在读书中反思，在书香中成长，让教育名著擦亮自己的双眼，炽热自己的教育情感，改变自己的教育理念。

面对纷纭的教育现象，即使别人习以为常，也要问问自己：为什么会这样？我和别人有什么不一样的看法？我的观点是否轻易地被别人所左右了？在这问题或现象的背后还隐藏着什么？顺着思，反着思，整体思，局部思，从多个角度或换个角度看问题。

记录下这些，教师们才不会淹没在日复一日的教育常规中，才不会被表象所迷惑。

"其实，有时看到别人活得轻松潇洒，我也打过退堂鼓。偶尔看一下书、写些文章、作些思考并不难，难的是要长期坚持。"写了近30万字教育文章的孙惠芳说，她已经和自己的学生订下"同盟"：师生共同读书、师生一起写日记。每次动摇的时候，一想到学生期待的眼神，想到老师该处处率先示范为人师表，她始终没敢松懈偷懒。

"每天睡觉前，我总不忘问问自己——今天你想了些什么？今天你读了些什么？今天你写了些什么？"孙惠芳说，"如果没写，总觉得心里空落落的，好像缺了什么似的。"对孙惠芳而言，教育随笔已从最初的任务，变成了她生活中快乐的源泉。

"教育随笔能够激发教师的职业热情，让教师享受到教育的幸福。"朱永新说，现在，已经有遍及21个省、直辖市、自治区的几十所学校的教师加入了写作教育随笔的队伍。朱永新希望，写作教育随笔能够激发教师的潜力，让教师不再是被动地发展。"我们要改变教师的行走方式。"

离真正的教育近些、再近些

2010年春天，山东省淄博市张店区的数学老师们，听说了一位"神奇"的数学老师：

他只用40多节课的时间，就能带领学生完成初中三年的数学教材学习。

他从不布置课外作业，也没有一次加班加点。

他的学生，高达90%以上，都觉得数学很好玩，很有趣，学习数学不累。他所带的班级，平均成绩位列级部第一，优秀率也是最高的……

张店区的数学老师向领导请求："什么时候咱能够亲自去他的课堂看一看？"机缘巧合，他们听到了这位老师一节课，所有人啧啧称奇："这样的课，别说我们亲眼见了，就是听也没听说过！"

依旧在这所学校里，有位年轻教师。她工作仅五年，却摸索出了一套独特的教育教学方式：一学年完成初中三年语文教材的教学，剩余时间，便与学生共同研读莎士比亚。

孩子们乐此不疲，流连忘返，对名篇名著的阅读远远超过了其他班级，成绩也名列前茅。

济南市教科所一位领导听说了此事，难以置信：农村孩子也能研读莎士比亚？

他悄悄到学校去考察。一堂《哈姆雷特赏析》让他惊叹不已：孩子们自信大方，侃侃而谈，分析人物透彻到位，准确细腻，"称得上是一流的学生、一流的课堂表现"。

赞叹之余，他产生了新的疑问：在巨大的升学压力之下，是什么让这所学校满怀勇气，引领教师拒绝做教材的奴隶、做教学进度和教学模式的奴隶？

抛弃掉外在的秩序、有序和浮华，实在是一件太不容易的事情。

2009年,教育部一位领导曾到这所农村初中——山东省临沂第二十中学视察,她连说三个"没想到":"没想到这所学校会有这么好的精神状态,没想到这所学校会有这么高的办学品味,没想到这所学校的个性优质课堂这么精彩!"

"许多老师都力图给学生一个完整的知识世界。没承想,反倒把自己和学生给淹没了"

张店区拜访的数学老师,名叫刘建宇,如今是临沂二十中的副校长。

不同于时下的许多老师,想方设法把知识又快又准地教给学生,刘建宇却反其道而行之,做着一件看上去不可思议的事情:讲知识之间的联系,讲数学学科的基本思想,而不是对教材上的知识亦步亦趋。

一节初一的常态课《如何学,是为了更会学》,把他对数学教学的思考表现得淋漓尽致。

刘建宇问:"平行四行形的性质和判定,大家会吗?"学生说,不会。

"为什么不会?""老师,我们还没学过呢。"

"没学过就不会吗?这节课,我带着大家把前面的知识复习一下,虽然没学过平行四边形的性质和判定,但我认为,你们也会。大家信不?"

"不信!"学生们笑着,嚷嚷起来。

"那咱们试一试。同学们,判定等腰三角形的时候,有哪些方法?"学生七嘴八舌,说得非常流利:两边相等,两角相等以及一个角的角平分线、该角对边上的高、中线等三条线合一。看来,对等腰三角形的判定,他们掌握得不错。

"我提一个问题,三角形的内角和为180°,假若我说,内角和为180°的三角形为等腰三角形,对不对?"

在学生看来,这个问题太"小儿科"。他们异口同声,立即否定。

刘建宇没有停止，而是追问下去："大家想一想，为什么不对？之前你们说的等腰三角形判定方法，依据又是什么？"

学生们陷入沉思。过了一会儿，一些学生率先醒悟。

"所有三角形的内角和都是180°，所以，不能据此判定一个三角形是否是等腰三角形。但是，两个边相等的三角形，一定是等腰三角形，其他两个判定方法也是如此。"

"这就对了。刚才同学们列举的判定等腰三角形的依据，都是等腰三角形独有的性质，而不是一般三角形都有的性质。"刘建宇一转身，在黑板上写道："独有、都有。"

他说："等腰三角形独有的性质，就是一般三角形不具有的性质，我们可以称它为特殊的性质。找到了特殊性质，就找到了判定方法。对三角形如此，对其他图形也是如此。"随即，他板书道："特殊、一般。"

学生们这下明白了："原来，所谓的判定，就是找出它的特殊之处，是相对于一般而言的。"

接下来的课，顺风顺水。怎么去判定平行四边形？只要找到相对于一般四边形而言的平行四边形的特殊性质就行了。

有的学生说："我觉得应该是两个边相等，一般四边形没有这个性质，我觉得可以作为平行四边形的判定。"

还有的说："两条对角线平分的四边形是平行四边形。因为一般四边形也没有！"

此时，学生不再是在学习特殊图形的判定方法，而是在探寻特殊图形的特殊性质。他们寻找着"特殊"，并为自己发现了这么好的方法而兴奋万分。

"具备了这种思路，再遇到特殊图形的判定，诸如梯形、圆等，能解决吗？"

"能！"

听到学生自信的回答，刘建宇会心地笑了。

但课上到这里，还远远不够。这不，新的问题又来了："数学中有关一般和特殊的案例有很多，那么，一般和特殊的关系是什么？"

学生们一愣，初一的孩子还没这个思维啊。

刘建宇提示说："等腰三角形是特殊的三角形，对它的判定是不是包含了一般三角形判定的所有方法啊？"

"是的！"

"但我们判定等腰三角形又有自己独特的方法。所以说，是特殊包含了一般。"

学生们恍然大悟。一位学生不觉高呼起来："我明白了！特殊三角形包含了一般三角形所有的性质。平行四边形也包含了一般四边形的性质。而正方形则包含了矩形、菱形、平行四边形的所有性质！"

"哗——哗——"掌声一片。

"几何的性质判定遵循'特殊包含一般'的规律，那代数是不是这样呢？"刘建宇随即板书了4道代数计算题：1. $(2x+3)(3x+5)$。2. $(3x+2)(3x+4)$。3. $(3x+2)(3x+2)$。4. $(3x+2)(3x-2)$。

"从第一题到第四题，存在什么关系？"刘建宇开始发问。

渐入佳境的学生发现，从第1题到第4题，越来越特殊。第4题是平方差公式。

学生们开始发言："越是特殊的，计算的方法越多，凡是一般式子所用的方法，特殊的式子都能用；但特殊式子的特殊方法，一般式子是不能用的。"

"这是不是代数方法上的特殊包含一般呢？"刘建宇不失时机地提问道。

"是！"回答得特别响亮。

快要结束时，刘建宇问学生："通过这节课，大家收获了什么？"

"老师，我觉得学数学重要的，是去找联系，进行归类。"

"我认为，只要找到了方法，找到了规律，就能掌握学习之道！"

一节课，就这样轻轻松松地结束了。

然而，听课的老师却是心潮起伏。"内行看门道"，这短短的40分钟，竟然包括了常规教学中的几何6课时、代数4课时，即10

课时的内容。

一个老师惊讶地说:"我听你的课,又很短,又很长。讲它短,是觉得一节课很快就结束了,学习毫不吃力;讲它长,是学生有那么充裕的时间、学那么多的东西。"

她说:"我有次上课,教了整整一节课,连线段如何表示还没有讲明白,气得要命。"

刘建宇笑着对她说:"知识是人创造的,在创造的过程中,一定会遵循某种思维规律。教数学,就要找到知识中思维的痕迹,让学生掌握数学的基本思想。"

一言蔽之,教材不过是个例子,知识服务于思想方法。

像《如何学,是为了更会学》一课里,知识是载体,知识被重组,让学生去领悟"特殊与一般的关系"这一基本思想。

在刘建宇那里,我们看到了他的教案,与教材大相径庭:第一课《数学运用之奇,联系推论之美》;第二课《感悟数学》,随后还有《a说:"你们对我了解多少"》《全等三角形在全局中的地位与作用》……

此时,初中三年的知识全部被打碎、被糅和。乍一看,知识的完整性没有了。但是,"我教给学生的是思想方法的完整性啊"!

"许多老师都力图给学生一个完整的知识世界。没承想,反倒把自己和学生给淹没了。"

只是,有多少老师能意识到这一点,并敢于去打破教材知识的权威与完整呢?几年前,临沂二十中曾召开大会,研讨"教什么"的问题。

很多老师不满意,认为是一种侮辱:"我连教什么都不知道?还当什么老师?"

校长姜怀顺说:"你还真不知道!看看日常课堂,有多少人是在教教材,是在考什么教什么。弄不清楚'教什么'这个教育的元问题,环节打造得再精美,知识教授得再流畅,也不过是个优秀的匠师。"

"三流的教师讲知识;二流的教师讲方法;一流的教师讲基本思想和方法产生的过程。对照这个标准,你做到什么程度了?"

会场上，老师们陷入了沉思。

真正的教学并不是观摩课上那些完美的环节

刚参加工作不久，王丽花就让年级主任很头痛："这个'小年轻'，怎么不按常规出牌？"

很多时候，王丽花的课堂太安静。学生们坐在座位上，不读教材，却捧着《莎士比亚全集》等课外名著；读书有了心得，就提笔写下，长短不拘、体裁不限，只需写出自己的真诚感悟即可。

还有些时候，课堂却像煮开了锅的饺子。学生们大声辩论、开心表演，好几次，声音大得连隔壁班的老师都忍不住提意见。

屡劝不改，年级主任一气之下，向校长姜怀顺反映情况："教学环节没有了，模式没有了，教学常规也不遵守，教学质量怎么有保障！"

"可是，真正的教学并不是我们在观摩课上看到的那些完美的环节啊。教育，不过是把学生内心勾引出来的工具和方法。"王丽花轻轻几句话，一下子击中了姜怀顺的心，应和了他对知识和能力的看法。

记得前不久，他听了一节语文课，讲的是说明文《赵州桥》。

老师准备得很充分，讲得也非常精彩。

课后，姜怀顺问了老师一个问题："这节课，你想让学生得到什么？""要让学生得到说明文的方法，理解赵州桥是座伟大的桥啊。"

"你怎么让学生得到说明文的方法？""他们知道了详略、重点、比喻、对比等手法，还知道了写作的顺序。"

可是，"这就转化为学生写说明文的能力了吗？"教师一考虑，对啊，当学生不会使用的时候，怎么能说他掌握了说明文的方法？没有活动，又怎么去呈现学生写说明文的能力？

此时，老师把无形的能力等同于有形的知识了。

有形的知识可以分析，而无形的能力无法拆分，也不能传授，只能靠学生的做和悟来加以把握。

如果用分析的方法去培养能力，就会像寓言里讲那样，青蛙问蜈蚣："你有上百条腿，是怎么走路的？到底是先迈哪条腿，然后动哪条腿的？"蜈蚣苦思不得其解，到最后，反而连路也不会走了。

"我们做的何尝不是青蛙的事呢？我们总以'深挖'为借口，把课文搞得支离破碎，以为把文章从内容到写法都分析清楚了，学生就有了相应的能力，实在是一个极大的误区。"

姜怀顺问老师们，中国第一部研究语法的著作是《马氏文通》，写于1898年，在那之前，难道中国人的语文能力不好吗？"这就是知识和能力的区别啊！"

"王丽花不过是想通过《莎士比亚全集》，把学生带进一个学习和使用语言的世界，一个表达情感和形成价值取向的世界，一个用文学的特有思维方式来呈现生活的世界。她的关注点在能力，我们能不能静下心来，等待花开？"姜怀顺对年级主任说。

三年后，学生用成绩证明了姜怀顺的预测。王丽花带的两个班，入校时，语文成绩在全年级垫底；中考时却一跃成为年级的二、三名。一下子，大家刮目相看。要知道，这是刚毕业的王丽花带的第一届学生。

"过去，我们常说'教是为了不教'。原来，还有不教而教。"对王丽花的成长，许多老师很有感慨。不教而教的真谛何在？在于让学生在生机勃勃的、不强求一致的教育境界里，自我感悟，自我成长。

不久后，语文老师们聚在一起，商讨出了语文教学的"六大"策略：大阅读、大背诵、大演讲、大复述、大欣赏、大写作，目的就是超越教材，为学生能力养成创造条件。

学校语文教学的境观，为之一变。

孩子们爱上了语文，爱上了阅读，笔下也慢慢有了灵性：从最初的一两句话，到后来的提笔千言，有的学生甚至在班刊上连载小说，一次写作就在万字以上。

而超越教材的关键，是把学科逻辑变成学生的认知逻辑。

"就拿初中地理来说，教材上罗列着枯燥的知识，前面讲个问题，后面立即跟着答案，学生哪里有感悟和思考的空间？又哪里有从感性认识走向理性思考的路径？"地理教师上官景进从教20多年，不止一次思考过这个问题。

像《新疆》一章讲到坎儿井,不仅有示意图,还有很详细的解释。这不坏事儿了吗?"为什么不把示意图直接删掉,让学生设想自己是新疆人,该如何生存?能力必定是在探究中形成。"

为了实现自己的设想,去年,上官景进花了整整两个月的时间,重写《新疆》一章的教材。

在他自写的教材里,没有任何结论性的东西,只是用美丽的笔触介绍新疆:"高山与盆地相间,酷寒与奇热并存,冰川与火洲为邻,荒漠与绿洲相映。正是这种独特的地理外貌、气候特点,造化出新疆神奇的塞外风光……"

如诗如画的文字,吸引着学生,让他们对新疆这个神奇的地方产生了强烈的好奇心。抓住机会,上官景进抛出了问题:"为什么新疆会呈现出这样的地理景观?""渤海水西调入疆可行吗?""在这么极端干旱的自然环境下,当地居民怎样才能生存下来?"等

学生们相互讨论着、质疑着。一节课结束,学生们跟在上官景进身后,叽叽喳喳:"老师,地理真有趣儿!"

对学生的表达,不以己律人,不以成人化的观点和态度来评价

学生们很喜欢生物老师田宗秀。

因为她从来不拿学生的成绩说事儿。不管谁问她成绩,这个大眼睛的女老师眼睛更大了:"我不记得哦。"随后,她补充道:"我只记得孩子向我提出了什么问题。"她给我们看自己随身携的一个小本子,上面写满孩子们的问题:"鱼的鼻孔是干什么的?""中国有狮子吗?"……

其中一个问题让田宗秀特别得意。那是学习"癌细胞可以无限分裂"的时候,一个学生提出来的:"能不能利用癌细胞无限分裂的特征,让已经衰老的细胞重新分裂,让人长生不老呢?"

田宗秀遇到这个班的班主任,乐呵呵地表扬起了提这个问题的学生。没想到,班主任眉头一皱,说,这个学生调皮得很,老是问一些不搭调的问题,哪有那么好!

田宗秀默然了。后来,她在教学日记中里写道:"求学问,需

学问。真正的好课，应当越讲学生的问题越多。"

可现实是，学生年龄越大，越提不出有意义的问题，最后连回答问题的积极性也没有了。

问题在哪里？

几年前，学校曾派田宗秀到华东师范大学学习。一个心理学故事让她感触颇深：科学家给一只初生的小猴子，做了两个假的猴妈妈。一个猴妈妈用铁丝做成，但有一个奶瓶；另一个猴妈妈是用温暖的绒布做成的，没有奶瓶。慢慢地，科学家发现，小猴子只有在饥饿的时候，才会到铁丝妈妈那里；其他时候，都依偎在温暖的绒布妈妈怀里。

"这个实验里的奶瓶，不就像我们教给学生的知识吗？而我们给学生的情感，给他们的心理影响，就像绒布的温暖一样。同样的道理，在课堂上，学生希望学到知识，但他们更渴望得到情感上的回应与温暖。只有这样，学生才会感到放松，感到安全。只有当学生感到安全和放松时，他们才会敢于提问，敢于表达。"

如何让学生感到安全和放松？临沂二十中的老师想了不少的办法。

初冬到，临沂飘下了雪花。

学生们望着窗外，眼里是欣喜和渴望。语文教师吕金峰看在眼里，微微一笑，大手一挥："走，我们到教室外面去！"

伴随着一阵欢呼声，学生们"飞"出了教室。操场上，有的学生迎着纷飞的雪花狂奔，有的漫步徜徉，还有的捧起雪花，任凭它在手中慢慢融化……

一个男生俨然忘记了寒冷，把外套一脱，来了个前空翻，又仰卧在草地上，大吼一声。吕金峰一惊："你咋了？"

"老师，我还想再脱下一件衣服。我就是感觉太爽，太爽了！"

渐渐地，学生们聚集到了吕金峰的身边。师生一边赏雪，一边开怀畅聊。

"谁愿意给大家讲讲自己看到的、想到的？"

"看花园的树木，挂满了雪花，让我不由得想起了'忽如一夜春风来，千树万树梨花开'的美妙景象。"刚才在树下徘徊的学生，曼声说道。

"真是温婉细腻。"吕金峰颔许赞叹。

"刚才我大吼一声,任凭雪花落在身上,只是希望能扫去我这几天的郁闷,我那是兴奋,是发泄啊!"其他学生也抑制不住地表达自己。

"老师,我听到了地下小草的欢喜,它们急切盼望的(棉被)来了,可以过一个温暖的冬天了,不信您听。"

……

放下心防的学生,争相说出自己的感受。没有对错,没有高下,有的只是个性化的、多彩的表达。

等学生们说得差不多了,吕金峰这才笑着说道:"同学们刚才说的,不正是'一切景语皆情语'吗?"

"你们所观察到的,如树下、草坪上,就是写作时的角度与顺序;你们或欣喜或沉寂的反应,就是作文的情感。如果把今天的收获记录下来,不就是一篇绝妙的文章吗?"

不知不觉中,下课铃响了,学生们却依然热情高涨,意犹未尽。

第二天,学生们交上来一篇篇对雪景的观察感受,真诚而自然,个性而富有情感。

"我尊重学生的自由言说、个性表达。对他们的表达,我不限制,不提要求,不以己律人,不以成人化的观点和态度来评价。"吕金峰说,为此,自己特地每周开设一节口语课,日常课堂也以说为核心,以说促读,以说带写,引领学生享受语文的快乐。

自由的表达,唤起了学生的自信,也唤醒了他们对语文的热爱。

一位家长对吕金峰说:"吕老师,你用的什么好办法?孩子读小学时,我是他的语文老师,六年都没调动他的积极性。但现在回家以后,他总是积极和我们交流,然后就是思考、写作。"

"哪有什么好办法?表达与言说本来就是人的本能,我不过是让学习重新成为生活的一部分,让它不再是神秘和艰难的事。"吕金峰说,对于学习的恐惧感,往往是我们成年人给学生的,我所做的，只是纠正与回归。

"教育如果不能启发一个人的理想、希望和意志，单单强调学生的兴趣和习惯，那是舍本逐末的办法。"

"教育的最高境界，应该是向美而生。"在校长姜怀顺看来，如果老师不能创造一个审美的境界，那教育就是低层次的。

有一次，姜怀顺看电视节目，心被狠狠地揪痛了。节目报道说，在广西的一个村子里，出了100多个抢劫犯，几乎每个家庭都有。而这些抢劫犯的年龄都在18岁到25岁。

记者到村里的小学采访，校长和老师一致说："我们的孩子很老实，很听话，认真学习，平常没有什么问题。"和学生交流，记者问这些孩子，将来大了干什么？孩子百分之百地回答说："出外打工挣钱。"

看到这里，一股子热血，直冲姜怀顺的脑门。他大声追问："教育到底给了孩子们什么？当一个人没有远大的目标和高尚的志趣时，他就不是一个精神意义上的人。他的人生只是在物质层面徘徊，如果不能满足，他怎能不去抢劫、不去掠夺？"

"现在，学生成人化倾向很严重。很小的孩子就知道挣钱、消费，这不是社会深刻的表现，而是一种平庸和媚俗。他们长大后，有知识无智慧，有欲望无理想，有规则无道德，社会该是什么样子！"

他反复跟老师们讲，教育的本质是超越性的，而不是工具性的。

没有情感的注入，没有人性的放大，没有人性中最光辉的诚实、善良、感恩、同情这些有活力的东西，教育就成了驯化。

有一回，听语文老师孙庆晓的课，让姜怀顺感动不已。

课的内容是《诗经·蒹葭》。孙庆晓告诉学生，歌曲《在水一方》就是根据这首古诗改编而成的。学生们兴奋起来，请求她："老师，你唱唱吧！"

果真，孙庆晓放下教学进程，放声高歌，学生们听得如醉如痴。一曲既了，掌声雷动。

尽管部分教学环节没有完成，但姜怀顺却给了这节课很高的评价。他说："唱歌仅仅是作料吗？仅仅是增加了一个花絮吗？不是的。唱这首歌恰好就是《蒹葭》的最好的教学方式！"

"只有音乐，才能把学生带入'蒹葭苍苍，白露为霜'那种朦胧的、不可言说的意境之中。依靠单纯的讲解和翻译，怎么能带学生进入这样一种审美的境界？"

在孙庆晓的课堂上，总是充满着音乐。

她认为，音乐的美和文字的美是相通的。美是一种强大的力量，它能激荡起所有的正面情感，让人对生命有尊崇，对道德有感悟，对信仰有尊崇，对自然有敬畏，对人生的意义，也能有一种全新的把握。

这样的课堂，对学生有着持续的吸引力。如今，孙庆晓所带的班级，不仅成绩优秀，而且连续三年没有一个学生辍学。这在许多农村初中，几乎是一个"不可能完成的任务"。

"上孙老师的课，是一种享受。"很多学生，都对她的课有着深深的依恋。

"按照美的规律去塑造人，让学生获得一种审美的快乐。"这是同事对她的评价。

只有美的情感，才能让教育触及生命的内核。

而崇高感，则是美的一种极致。

为什么有时会抽出大段时间，甚至是整节课，给学生们讲励志故事、热点时事和自己的哲学思辨？数学老师刘建宇说，是因为"学生是否有崇高的人生目标和志趣，比知识重要得多"。

有一次，刘建宇在网上发现了一篇文章，他特意在班上为学生们朗读。文章的大意是，一个日本记者到中国某大学演讲，演讲前问在座的听众："谁知道黄继光、邱少云？"没想到，一名大学生抢答说："我们在座的这些人都知道这两个傻帽。"日本人由此感慨万分。

文章读完。一位女学生站起来，眼流满面，她问刘建宇："老师，如果青年人都这样的话，我们中华民族还有希望吗？"

"你就是希望啊,当你落下热泪的时候,就预示着你可能成为明天的脊梁!"

这个学生,刚入学时,成绩在全班居于下游。但从那后,她却迸发出了强大的学习动力。到了初三,以全区第一名的成绩考入了当地最好的高中——临沂一中。

离校的时候,她对刘建宇说:"我一直记得初一时你读的那篇文章,也因此知道了自己为什么学习。"

"要让学生进入一个崇高的精神世界,要让他们拥有春水般的情感。"校长姜怀顺由此感悟。

每次交流,他都鼓励老师不要做只关注技巧、在细节上精益求精的"小老师",而要做"大老师",做一个站在制高点上、引领学生走向一个更加广阔、丰厚天地的老师。

他说,"教育如果不能启发一个人的理想、希望和意志,单单强调学生的兴趣和习惯,那是舍本逐末的办法。"

教育,从来都不只是知识和技能的问题,而是关系到精神和心灵的格局。

回到北京,翻看资料时,我们看到了校长姜怀顺的一篇文章。里面有这样几句话:

"教师首先是学生人生成长的导师,然后才是教育教学活动的组织者;只有当教师成为学生学习、生活、成长的'课本'时,教育的真正意义才有可能实现。"

"我们今天所施加的教育,应当被学生视为一件无比高贵的礼物而欣然接受,并成为他们一生的依恋和一世的拥有。"

"教育,必须遵循生命本身的逻辑和教育教学深刻的内在合理性。我们所做的一切,不过是希望离真正的教育近些、再近些。"

做逆风而行的理想主义者

临沂,已是冬季。

接受采访的姜怀顺,在会议室里大踏步,走来走去,高声讲述着自己对教育教学的理解和思考。谈到教师培养,激动处,他一个转身,甩掉身上的西装,白色的衬衫映得他脸更红了。

"我们不能天天在政策和机制上发牢骚,应该从能改变的地方做起。"做了多年的校长,对教师队伍存在的问题,姜怀顺心里跟明镜儿似的。

现在,教育教学都讲究个"模式"。有模式,是学校改革成熟的标志,更是教师成名的旗帜。许多人对"模式"顶礼膜拜,期盼"把别人的玫瑰移栽到自己花园里"。所以,学校热衷于让教师盲目地学习、模仿别人的模式,教师们也投入精力和热情,去研究模式、打造环节,甚至详细到导语怎么说,后边结论怎么讲,中间怎么弄花花肠子,在细枝末节上打转转。

姜怀顺特别不赞同这种做法。他说:"没有任何模式可以通吃所有学科。那套路子,是引着教师往匠师的路上走啊!"思考经年,他为教师成长设计了自上而下的"六级之路":教育价值观—学科思想—把握学习规律—教育教学策略—教学流程—专业技巧。

在他那里,教育价值观就是教师成长的方向。方向错了,越努力就会离目标越遥远。

姜怀顺对价值观这类基本问题看得特别重。临沂二十中倡导教师创设"个性优质课堂",相应地提出了"三四四策略"。一次,有位专家听完课,评价说:"你们的三四四模式非常好!"

私底下,姜怀顺对他说,能不能纠正一下?因为"三四四"不是一个模式,而是一种策略、原则,或是一种价值引领,它解决的只是方向性的问题。

在这个方向下，姜怀顺把教学权完全放给了老师们，让他们的个性想怎么张扬就怎么张扬，特色想怎么打造就怎么打造。他理解教师劳动的个体属性，到处张扬"自由，才是教师创作的力量"。

刘建宇刚参加工作时，做法得不到大家的认可。一位教研员在听完他的课后，勃然大怒地训斥说："这上的什么数学课，简直是瞎胡闹！"再听说，他还从不布置作业，从不写备课教案时，教研员拍着桌子，愤怒至极。和他一道听课的姜怀顺，却冷静得多。他从刘建宇看似信马由缰的、大跨度的教学中，看到了一个教师追寻教学规律的奇思妙想的萌芽。

"此时，他教学生命中那种很光彩的东西已经呈现出来了，你再用那种综合的、传统的评价来套他，不是在叫他平庸吗？'三岁不成驴，到老是驴驹子'！"

姜怀顺当即拍板，给刘建宇量身定做了"三免"政策：免参加综合评估、免备课、免修改作业。受到保护的刘建宇，快速成长，先后被评为"山东省优秀教师""首届沂蒙名师""山东省十大教育创新人物"。

与教研员的评价背道而驰，对一个校长来说，需要极大的勇气。其实直到今天，姜怀顺也仍然面临着方方面面的压力。可姜怀顺站在那里，厚重得像沂蒙山一样，给愿意改革的老师们撑起了一片天空。现在，学校有志于改革的老师，都可以申请享受"三免"政策。

"很多时候，校长以领导的认可为目的，所以领导怎么说，就怎么做。还有许多校长，充当着制度的'卫道士'，他们不去研究制度本身的科学性，却做着坚定的执行者。我们把改变当目的，把领导的决策和评价当目的，把维护制度当目的，却从来没有把老师和学生的发展当目的。"

"老师无法张扬自己生命的权利，也就无法给学生发展生命的自由空间。这个时候，工具论便大行其道。看看我们的学校，有多少学生成为了老师的工具？有多少老师成为了校长的工具？又有多少校长成为了教育行政部门的工具？"

姜怀顺说，我就是要打破这些充满了伪科学的东西！

前不久，有一位校长带队到临沂二十中参观交流。他们提出来，能不能看一下学校管理制度方面的文件？姜怀顺双手一摊，诚恳地对他们说："我们没有啊。"原来，在临沂二十中，教学也好，管理也罢，核心都是价值引领，对教师的具体行为并无多大的约束。

"学校是一个文化场，一个学术场，不能单靠行政来解决问题。"姜怀顺解释自己的做法时说，当校长，他的胸襟、气度是第一位的。

在临沂，姜怀顺对老师的宽容是出了名的。曾有老师犯倔脾气和他大声争吵，到了评优的时候，和这位老师有过冲突的人都投反对票，独姜怀顺力排众议。他说，要看到这位老师的长处，我们评优，不是在评圣人和完人。还有老师因待遇问题给他难堪，姜怀顺也只是一笑而过，并不放在心上。

结果，在他的手下，吸引了一批性格迥异、思想独立的老师，即使有的人古怪执拗，也都对他信服尊重。

地处农村，让姜怀顺至今不为多少人所知晓。

他带领着一个普通的、无名的教师团队，无拘无束、泼辣恣肆地进行着教育教学改革。他们在现实中依凭理想而生，哪怕有时需要逆风而行——这是理想主义者的生活状态，他们为波澜不惊的教育注入一丝灵气，以它的卓尔不群证明着理想的高贵。

教育，本来就是理想主义者的事业。